Muno

Das deutsche Arbeitnehmerüberlassungsrecht

Katrin Muno

Das deutsche Arbeitnehmerüberlassungsrecht

Kompaktwissen für die Praxis

Verlag Personal, Recht, Management Ltd.

Bibliographische Information der deutschen Nationalbibliothek
Die Deutsche Nationalbibliothek verzeichnet diese Publikation in der Deutschen Nationalbibliographie; detaillierte bibliographische Daten sind im Internet über http://dnb.d-nb.de abrufbar.

Niederlassung Deutschland: Lindlaustr. 2a, 53842 Troisdorf

Umschlagskonzeption: Verlag Personal, Recht, Management Ltd.
Titelbild: © www.fotolia.de
Satz: Verlag Personal, Recht, Management Ltd.
Druck: Books on Demand GmbH, Norderstedt
Printed in Germany, Februar 2010

ISBN 978-3-941388-12-3

Vorwort

In der betrieblichen Praxis kann es oftmals zweckmäßig sein, Arbeitnehmerüberlassung in Anspruch zu nehmen.

Die Gründe für den Einsatz von Leiharbeitnehmern sind vielfältig. Durch den Einsatz von Leiharbeitnehmern können insbesondere kurzfristig auftretende und zeitlich begrenzte Personalengpässe überbrückt werden. Sei es auf Grund eines vorübergehenden Ausfalls von Stammpersonal (z.B. durch Krankheit, Elternzeit oder Urlaub) oder auch auf Grund einer notwendigen Produktionssteigerung, die mit dem Stammpersonal nicht zu bewältigen ist und Neueinstellungen wegen einer unsicheren Zukunftsprognose zunächst vermieden werden sollen. Möglicherweise mangelt es dem eigenen Personal aber auch an Spezialkenntnissen. Der Einsatz von Leiharbeitnehmern bietet zudem eine Möglichkeit die Personalkosten zu senken, da die für das entleihende Unternehmen anfallenden Kosten als Sachkosten zählen.

Für den Entleiher besteht der rechtliche Vorteil zudem darin, dass Leiharbeitnehmer wie eigene Mitarbeiter eingesetzt werden können, ohne dass arbeitsvertragliche Beziehungen zwischen Entleihbetrieb und Leiharbeitnehmer begründet werden.

Der Arbeitsmarkt profitiert von der Arbeitnehmerüberlassung, da sie in hohem Maße zur Widereingliederung von (z.T. Langzeit-) Arbeitslosen in den Arbeitsmarkt beiträgt. Rund 70 Prozent der in der Zeitarbeit beschäftigten Frauen und Männer waren vorher ohne Beschäftigung. Durch die Arbeitnehmerüberlassung werden rund 30 Prozent der Leiharbeitnehmer in ein dauerhaftes Arbeitsverhältnis integriert.

In der nachfolgenden Darstellung des deutschen Arbeitnehmerüberlassungsrechts wird die gewerbsmäßige Arbeitnehmerüberlassung mit ihren Möglichkeiten aber auch Risiken praxisgerecht dargestellt.

Aus Gründen der Übersichtlichkeit und Verständlichkeit wurde bewusst auf die Behandlung von Detailproblemen verzichtet, wie auch auf Rechtsprechungs- und Literaturhinweise.

Inhaltsverzeichnis

Abkürzungsverzeichnis

Abs.	Absatz
AEntG	Arbeitnehmer-Entsendegesetz
AGB	Allgemeine Geschäftsbedingungen
AGG	Allgemeines Gleichbehandlungsgesetz
Alt.	Alternative
AMP	Arbeitgeberverband Mittelständischer Personaldienstleister
AO	Abgabeordnung
ArbMedVV	Verordnung zur arbeitsmedizinischen Vorsorge
ArbPlSchG	Arbeitsplatzschutzgesetz
ArbSchG	Arbeitsschutzgesetz
ArbStättV	Arbeitsstättenverordnung
ArbZG	Arbeitszeitgesetz
ArgV	Arbeitsgenehmigungsverordnung
Art.	Artikel
ASiG	Arbeitssicherheitsgesetz
AufenthG	Aufenthaltsgesetz
AÜG	Arbeitnehmerüberlassungsgesetz
AÜKostV	Arbeitnehmerüberlassungserlaubnis – Kostenverordnung
AuslG	Ausländergesetz
BA	Bundesagentur für Arbeit
BAG	Bundesarbeitsgericht
Baubetriebe-VO	Baubetriebeverordnung
BeschFG	Beschäftigungsförderungsgesetz
BetrSichV	Betriebssicherheitsverordnung
BetrVG	Betriebsverfassungsgesetz
BGB	Bürgerliches Gesetzbuch
BGV	Berufsgenossenschaftliche Vorschriften
BPL	Bundesverband Personalleasing
BR	Betriebsrat
BVD	Bundesvereinigung Deutscher Dienstleistungsunternehmen
BUrlG	Bundesurlaubsgesetz
BZA	Bundesverband Zeitarbeit Personal-Dienstleistungen
CGZP	Christlicher Gewerkschaften für Zeitarbeit und Personal-Service-Agenturen

DGB	Deutscher Gewerkschaftsbund
DV	Durchführungsverordnung
EFZG	Entgeltfortzahlungsgesetz
EG	Europäische Gemeinschaft
ERTV	Entgeltrahmentarifvertrag
EStG	Einkommensteuergesetz
ETV	Entgelttarifvertrag
EU	Europäische Union
EWR	Europäischer Wirtschaftsraum
GBR	Gesamtbetriebsrat
GewO	Gewerbeordnung
GG	Grundgesetz
ggf.	gegebenenfalls
grds.	grundsätzlich
GüKG	Güterkraftverkehrsgesetz
GVG	Gerichtsverfassungsgesetz
Halbs.	Halbsatz
i.d.R.	in der Regel
IfSG	Infektionsschutzgesetz
IGZ	Interessenverband Deutscher Zeitarbeitsunternehmen
INZ	Interessengemeinschaft Nordbayerischer Zeitarbeitsunternehmen
i.S.d.	im Sinne des / der
i.S.v.	im Sinne von
i.V.m.	in Verbindung mit
JArbSchG	Jugendarbeitsschutzgesetz
KBR	Konzernbetriebsrat
KSchG	Kündigungsschutzgesetz
KUG	Kurzarbeitergeld
MitbestG	Mitbestimmungsgesetz
MitbestErgG	Mitbestimmungsergänzungsgesetz
MTV	Manteltarifvertrag
MuSchG	Mutterschutzgesetz
MuSchV	Mutterschutzverordnung
MVZ	Mittelstandsvereinigung Zeitarbeit e.V.

NachwG	Nachweisgesetz
OwiG	Ordnungswidrigkeitengesetz
PSA	Personal-Service-Agenturen
Rspr.	Rechtsprechung
SchwarzArbG	Gesetz zur Bekämpfung der Schwarzarbeit und illegalen Beschäftigung
SGB III	Sozialgesetzbuch III (Arbeitsförderung)
SGB IV	Sozialgesetzbuch IV (Gemeinsame Vorschriften für die Sozialversicherung)
SGB V	Sozialgesetzbuch V (Gesetzliche Krankenversicherung)
SGB VI	Sozialgesetzbuch VI (Gesetzliche Rentenversicherung)
SGB VII	Sozialgesetzbuch VII (Gesetzliche Unfallversicherung)
SGB IX	Sozialgesetzbuch IX (Rehabilitation und Teilhabe behinderter Menschen)
SGB XI	Sozialgesetzbuch (Soziale Pflegeversicherung)
sog.	sogenannte
StGB	Strafgesetzbuch
TVG	Tarifvertragsgesetz
TzBfG	Teilzeit- und Befristungsgesetz
UZA	Unternehmensverband für Zeitarbeit e.V.
VBG	Verwaltungsberufsgenossenschaft
vgl.	vergleiche
z.B.	zum Beispiel
Ziff.	Ziffer

1 Arbeitnehmerüberlassung

1.1 Begriff

Wird von Dritten Personal in Anspruch genommen oder eigenes Personal an Dritte überlassen, so wird dies häufig mit Begriffen wie Zeitarbeit, Leiharbeit, Arbeitnehmerüberlassung oder Personalleasing bezeichnet. Meist ist damit die gewerbsmäßige Arbeitnehmerüberlassung gemeint, auf die das Gesetz zur Regelung der gewerbsmäßigen Arbeitnehmerüberlassung (Arbeitnehmerüberlassungsgesetz) Anwendung findet.

1.2 Gewerbsmäßige Arbeitnehmerüberlassung

Arbeitnehmerüberlassung im Sinne des Arbeitnehmerüberlassungsgesetzes ist gegeben, wenn ein Arbeitgeber **(Verleiher)** einem anderen Unternehmen **(Entleiher)** Arbeitskräfte **(Leiharbeitnehmer)** zur Arbeitsleistung zur Verfügung stellt, die in den Betrieb des Entleihers eingegliedert sind und ihre Arbeitsleistung allein nach dessen Weisungen ausführen (vgl. § 1 Abs. 1 Satz 1 AÜG).

Kennzeichnend für das Vorliegen einer Arbeitnehmerüberlassung ist es, dass keine vertraglichen Beziehungen zwischen dem Entleiher und dem Leiharbeitnehmer bestehen. Vielmehr bestehen lediglich ein Arbeitsvertrag zwischen dem Verleiher und dem Leiharbeitnehmer („Leiharbeitsvertrag") sowie ein zwischen dem Verleiher und dem Entleiher abgeschlossener Vertrag, der sich auf die entgeltliche Überlassung dieses / eines Leiharbeitnehmers bezieht (Arbeitnehmerüberlassungsvertrag).

Die Rechtsbeziehungen lassen sich wie folgt darstellen:

Leiharbeitsverhältnis

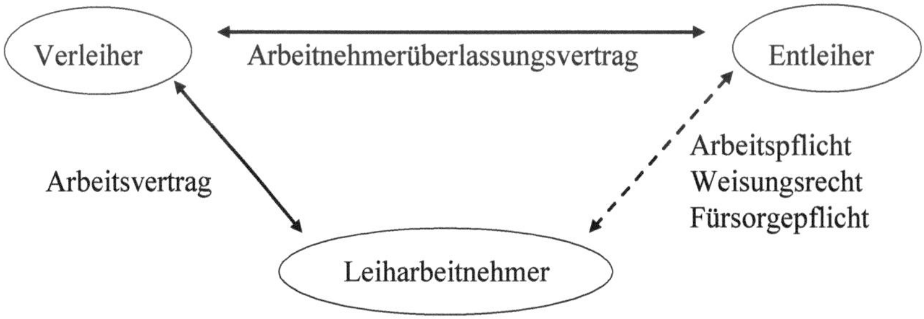

2 Mögliche Vor- und Nachteile der Arbeitnehmerüberlassung

2.1 Aus Sicht des Entleihers

2.1.1 Überbrückung von Auftragsschwankungen

Ein vorübergehender erhöhter Arbeitskräftebedarf auf Grund plötzlicher Produktionssteigerung oder ein Ausfall von Stammpersonal infolge Krankheit, Urlaub oder Elternzeit der nicht mit innerbetrieblichen Maßnahmen abgedeckt werden kann, kann durch den Einsatz von Leiharbeitnehmern kurzfristig beseitigt werden. Dadurch entfallen für den Entleiher die Suche nach neuen Mitarbeitern und der Abschluss von neuen (befristeten) Arbeitsverträgen. Auf diese Weise erhält sich der Entleiher einen gewissen Grad an Flexibilität in Abhängigkeit der Auftragslage.

2.1.2 Senkung der Personalkosten

Durch die Einstellung von Leiharbeitnehmern kann der Entleiher die Personalkosten senken. Mit dem im Arbeitnehmerüberlassungsvertrag vereinbarten Verrechnungssatz und Zuschlagsvereinbarungen sind sämtliche Kosten für den Entleiher abgedeckt. Diese Kosten stellen für den Entleiher keine Personal- sondern Sachkosten dar.

Lohn- und Lohnnebenkosten (Bruttoarbeitsentgelt zzgl. Arbeitgeberanteile zur Sozialversicherung), Zuschläge (Überstunden-, Sonn- und Feiertagszuschläge, Schmutz- und andere Zulagen für besondere Erschwernisse), Entgeltfortzahlungen im Krankheitsfall, Feiertagslohnfortzahlung, Urlaubsentgelt, Zuschüsse zum Mutterschaftsgeld sowie Personalzusatzkosten in Form tariflicher oder betrieblicher Sozialleistungen wie zusätzliches Urlaubs- und Weihnachtsgeld, Zuschüsse zur Vermögensbildung und zur betrieblichen Altersversorgung müssen vom Verleihbetrieb übernommen werden.

Des Weiteren spart das Entleihunternehmen auch an den Kosten die ansonsten für die Personalbeschaffung entstehen würden, wie Stellenanzeigen, Sichtung der Bewerbungen, Zeitaufwand für die Personalauswahl, Durchführung von Vorstellungsgesprächen oder mögliche Kosten für die Einschaltung eines Personalberatungsunternehmens. Da in der Regel bei Einsatz von Leiharbeitnehmern weniger Stammpersonal beschäftigt wird, können die Kosten für die Personalverwaltung ebenfalls gesenkt werden. Wird der Einsatz des Leiharbeitnehmers nicht mehr benötigt, fallen keine Personalabbaukosten wie Gerichts- und Anwaltskosten bei einem möglichen Kündigungsschutzprozess an. Zahlung von Abfindungen infolge außergerichtlicher oder gerichtlicher Einigungen oder aufgrund eines Sozialplanes entfallen ebenfalls.

2.1.3 Gewinnung von Spezialkenntnissen

Durch den Einsatz von Leiharbeitnehmern hat der Entleiher die Möglichkeit kurzfristig auf Personal mit Spezialkenntnissen, die im eigenen Unternehmen und / oder auf dem Arbeitsmarkt nicht oder zumindest schwer oder nicht zeitnah verfügbar sind zurückzugreifen. Dies kann insbesondere für zeitlich überschaubare Projekte interessant sein, wenn die eingesetzten Mitarbeiter nur für dieses Projekt kurzfristig benötigt werden.

2.1.4 Erprobung

Viele der Leiharbeitnehmer hoffen durch ihren Kundeneinsatz auf eine Übernahme in das Kundenunternehmen und sind daher sehr bemüht, den Kunden von ihrem Können und den Kenntnissen zu überzeugen. Für den Entleiher hat die Arbeitnehmerüberlassung daher insbesondere den Vorteil, dass er die ihm überlassenen Leiharbeitnehmer „erproben" kann, ohne zunächst mit ihnen ein Arbeitsverhältnis eingehen zu müssen.

2.1.5 Haftung

Neben den Vorteilen die die Arbeitnehmerüberlassung für das Entleihunternehmen mit sich bringen kann, sieht sich das Entleihunternehmen insbesondere möglichen Haftungsfragen ausgesetzt. Daher sollte der Entleiher sicher gehen, dass die geforderte Qualifikation des Leiharbeitnehmers ganz genau im Arbeitnehmerüberlassungsvertrag aufgenommen wird.

2.2 Aus der Sicht des Leiharbeitnehmers

2.2.1 Ausweg aus der Arbeitslosigkeit

Die Arbeitnehmerüberlassung trägt in hohem Maße zur Widereigliedrung von (z.T. Langzeit-) Arbeitslosen in den Arbeitsmarkt bei. Rund 70 Prozent der in der Zeitarbeit beschäftigten Frauen und Männer waren vorher ohne Beschäftigung.

2.2.2 Übernahmemöglichkeiten

Der durchschnittliche Einsatz von Leiharbeitnehmern in einem Kundenbetrieb dauert je nach Branche und Qualifikation des Leiharbeitnehmers etwa drei bis vier Monate. Je nach Tätigkeitsbereich, Branche und/oder

Region wechseln derzeit dann bis zu 30 % in ein Kundenunternehmen, in dem sie vorher eingesetzt waren.

2.2.3 Qualifizierungsmöglichkeiten

Nahezu alle Berufsgruppen haben die Möglichkeit durch Zeitarbeit vermittelt zu werden. Arbeitsuchende aber auch Berufsanfänger haben in der Zeitarbeit gute Perspektiven. Viele Zeitarbeitsunternehmen bieten zusätzliche Qualifikationsmöglichkeiten an. Bereits durch den Einsatz bei verschiedenen Kundenunternehmen haben die Leiharbeitnehmer vielfältige Einarbeitungs- und Qualifizierungsmöglichkeiten und werden mit unterschiedlichen Arbeitsmethoden und –techniken vertraut gemacht. Als Mitarbeiter eines Zeitarbeitsunternehmens kann man mehrere Firmen kennen lernen ohne seinen Arbeitgeber wechseln zu müssen. Ein häufiger Arbeitgeberwechsel wirkt sich oft negativ bei möglichen Bewerbungen aus.

2.2.4 Eingliederung im Entleihunternehmen

Der Einsatz beim Entleiher kann für den Leiharbeitnehmer mitunter aber auch schwierig sein.

Häufig fühlen sich die Leiharbeitnehmer im Entleihunternehmen als unerwünscht, weil sie von der Stammbelegschaft nicht akzeptiert oder gar als Konkurrenz abgelehnt werden. Die meist kurzen Einsätze ermöglichen es den Leiharbeitnehmern oft nicht sich in die Betriebsgemeinschaft zu integrieren.

2.3 Abbau Stammpersonal

Die Betriebsräte des Entleihunternehmens stehen dem Einsatz von Leiharbeitnehmern oft kritisch gegenüber, weil der Einsatz von Leiharbeitnehmern häufig mit einem Abbau des Stammpersonals verbunden sei.

Allerdings muss davon ausgegangen werden, dass Unternehmen ihre Kernfunktionen im Unternehmen behalten und diese Positionen langfristig nicht durch Leiharbeitnehmer besetzt werden. Gleichzeitig benötigen die Unternehmen aber auch Flexibilität. Mögliche Alternativen zur Arbeitnehmerüberlassung wären: Überstunden, Verlagerung der Arbeit ins Ausland.

3 Entwicklung Arbeitnehmerüberlassung

3.1 Entwicklung der Rahmenbedingungen

Der Begriff der Zeitarbeit stammt aus den Anfängen der Branche in Deutschland. Bei Einführung des Arbeitnehmerüberlassungsgesetzes im Jahr 1972 war die „maximale Überlassungsdauer von Leiharbeitnehmern" auf drei Monate befristet. Diese befristete Überlassungsdauer wurde später verlängert bzw. ganz aufgehoben. Überlassene Leiharbeitnehmer können nun mehr zeitlich unbegrenzt von der Zeitarbeitsfirma an den gleichen Kundenbetrieb überlassen werden.

Die Entwicklung der Arbeitnehmerüberlassung in Deutschland im Überblick:

Oktober 1960:	Das erste Zeitarbeitsbüro in der Bundesrepublik Deutschland wird eröffnet.
April 1967:	Das Bundesverfassungsgericht entscheidet, unter welchen Voraussetzungen der Weg für die geregelte und konzessionierte Zeitarbeitsbranche freigemacht wird.
Januar 1969:	Gründung des UZA, Vorläufer des heutigen BZA.
Juli 1970:	Das Bundessozialgericht legt Kriterien fest, die die zulässige Arbeitnehmerüberlassung von der verbotenen Arbeitsvermittlung abgrenzen.
August 1972:	Erstmalige Regelung der Arbeitnehmerüberlassung in Deutschland durch Erlass des Arbeitnehmerüberlassungsgesetzes.
März 1976:	UZA und BPL schließen sich zusammen zum (BZA).
Januar 1982:	Verbot der Überlassung in die Bauwirtschaft.
Mai 1985:	Inkrafttreten des Beschäftigungsförderungsgesetzes. Verlängerung der maximal erlaubten Überlassungsdauer von 3 auf 6 Monate.
Januar 1994:	Verlängerung der maximal erlaubten Überlassungsdauer von 6 auf 9 Monate.
August 1994:	Das sog. Vermittlungsmonopol der Bundesanstalt für Arbeit fällt; private Arbeitsvermittlung wird zugelassen.

April 1997:	Die AÜG-Reform tritt in Kraft. Verlängerung der maximal erlaubten Überlassungsdauer von 9 auf 12 Monate und Zulassung der Synchronisation von Ersteinsatz und Arbeitsvertrag. Einmalige Zulassung eines befristeten Arbeitsvertrages ohne Vorliegen eines sachlichen Grundes in der Person des Arbeitnehmers sowie wiederholte Zulassung lückenlos aufeinander folgende befristete Arbeitsverträge mit demselben Zeitarbeitnehmer. Einmalige Zulassung der Wiedereinstellung eines ehemaligen Zeitarbeitsunternehmens ohne Wartefrist.
Januar 2002:	Verlängerung der maximal erlaubten Überlassungsdauer von 12 auf 24 Monate. Dem Zeitarbeitnehmer sind die Arbeits- und Entgeltbedingungen eines vergleichbaren Arbeitnehmers im Einsatzbetrieb zu gewähren.
März 2002:	Die Erlaubnispflicht für private Arbeitsvermittler wird aufgehoben und als neues arbeitsmarktpolitisches Instrument der Vermittlungsgutschein beschlossen.
November 2002:	Der Bundestag beschließt mit der Mehrheit der Regierungskoalition das erste Gesetz für „Moderne Dienstleistungen am Arbeitsmarkt". Damit verlieren Tarifverträge, die vor der Beschlussfassung vereinbart worden sind, ihre Wirksamkeit. Neue Tarifverträge müssen vereinbart werden.
Dezember 2002:	Das „Gesetz für moderne Dienstleistungen am Arbeitsmarkt" (Hartz I) schreibt bis Mitte 2003 den flächendeckenden Aufbau von PSA und zahlreiche Neuordnungen des AÜG vor. Aufgrund der Übergangsvorschrift in § 19 AÜG werden die Änderungen im Bereich der Zeitarbeit aber zum größten Teil erst zum 01. Januar 2004 wirksam.
Januar 2003:	Lockerung des Überlassungsverbotes im Bauhauptgewerbe. Voraussetzung sind allgemein gültige Tarifverträge.

Februar 2003: Tarifabschluss zwischen der INZ und CGZP. Damit wurde der erste Flächentarifvertrag im Bereich der Zeitarbeitsunternehmen geschlossen.

Durch den Abschluss dieses Tarifvertrages wurde das Prinzip „Equal Pay – Equal Treatment“ (gleiche Behandlung und Bezahlung wie im Entleihbetrieb) verhindert, welches ansonsten ab dem 1. Januar 2004 gegolten hätte. Bis zu vorgenanntem Zeitpunkt waren die Löhne und Arbeitsbedingungen von Zeitarbeitnehmern nicht tariflich festgelegt.

Mai 2003: Tarifabschluss zwischen der MVZ und der CGZP.

Mai 2003: IGZ-Tarifkommission und Tarifgemeinschaft Zeitarbeit beim DGB unterzeichnen einen Entgelt-/, Entgeltrahmen-/, Mantel- und Beschäftigungssicherungstarifvertrag.

Juni 2003: BZA und DGB schließen einen Manteltarifvertrag.

Januar 2004: Das dritte Gesetz für moderne Dienstleistungen am Arbeitsmarkt (Hartz III) tritt in Kraft und in Folge dessen verschiedene Änderungen des AÜG:

- Vermittlungsprovision nach Arbeitnehmerüberlassung wieder zugelassen.
- Eingeschränkte Auskunftsansprüche von Zeitarbeitnehmern und Arbeitssuchenden an den Entleiher.
- Die Bundesanstalt für Arbeit heißt nun Bundesagentur für Arbeit.

Zugleich treten die Änderungen des AÜG des ersten Gesetzes für moderne Dienstleistungen endgültig in Kraft. Im Wesentlichen sind dies:

- Equal Pay / Equal Treatment ab dem ersten Tag, es sei denn ein Tarifvertrag regelt Abweichendes.
- Arbeitsvertrag und das Merkblatt der Bundesagentur für Arbeit sind nur noch auf Verlangen des Mitarbeiters in dessen Muttersprache auszuhändigen.
- Wegfall von Synchronisations- und Befristungsverbot.

Nach dem Wegfall des Synchronisationsverbots ist nun die Einstellung eines Arbeitnehmers für nur eine einzelne Überlassung in einen Kundenbetrieb erlaubt. Danach kann der Arbeitnehmer entlassen werden. Durch Aufhebung der Wiedereinstellungssperre kann derselbe Arbeitnehmer später wiedereingestellt werden.

3.2 Entwicklung der Beschäftigtenzahl

3.2.1 Anzahl der Zeitarbeitnehmer im Jahresdurschnitt seit 2002

3.2.2 Anzahl der Zeitarbeitnehmer Entwicklung Juli 2008 - Juni 2009

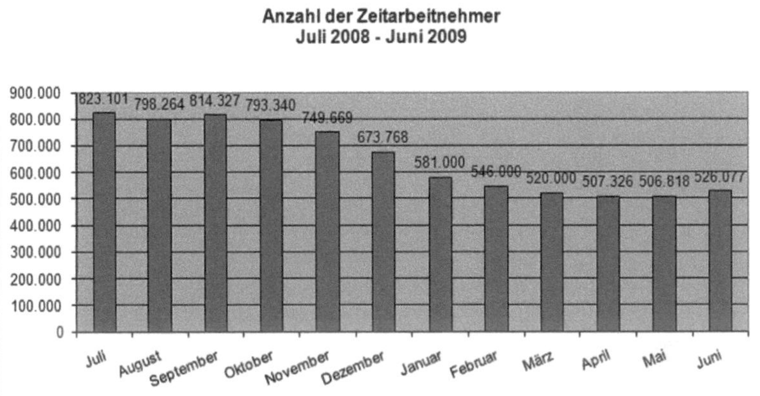

Quelle: Bundesagentur für Arbeit (6-12/08), IW-Zeitarbeitsindex (1-6/09)

3.2.3 Vorherige Tätigkeit der neu eingestellten Zeitarbeitnehmer 2008

Quelle: Bundesagentur für Arbeit

3.2.4 Anzahl der Zeitarbeitnehmer: Vergleich zum Vormonat

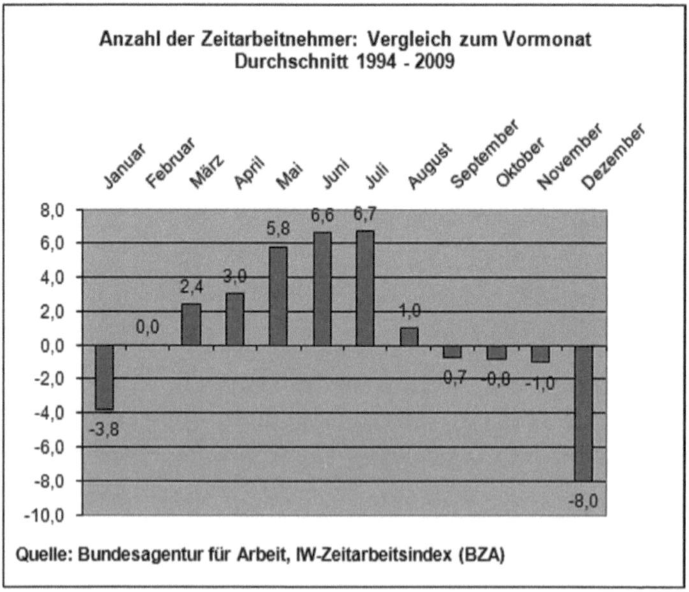

3.2.5 Zeitarbeit Anteil der Tätigkeiten 2008

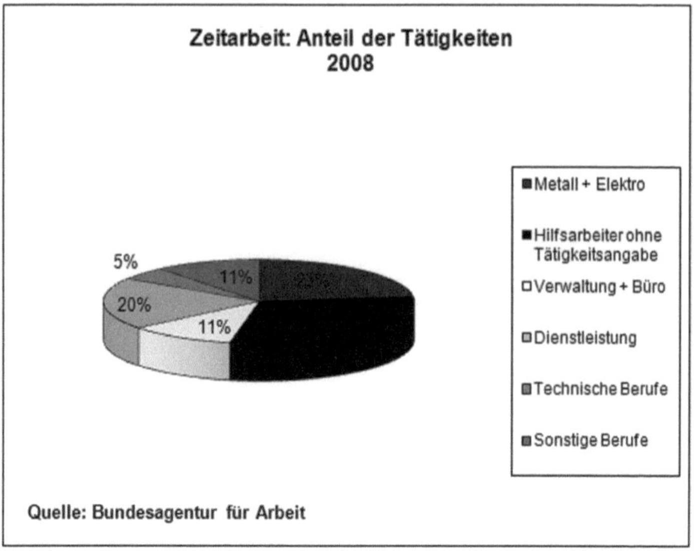

3.2.6 Anteil der Zeitarbeitnehmer an allen Erwerbstätigen

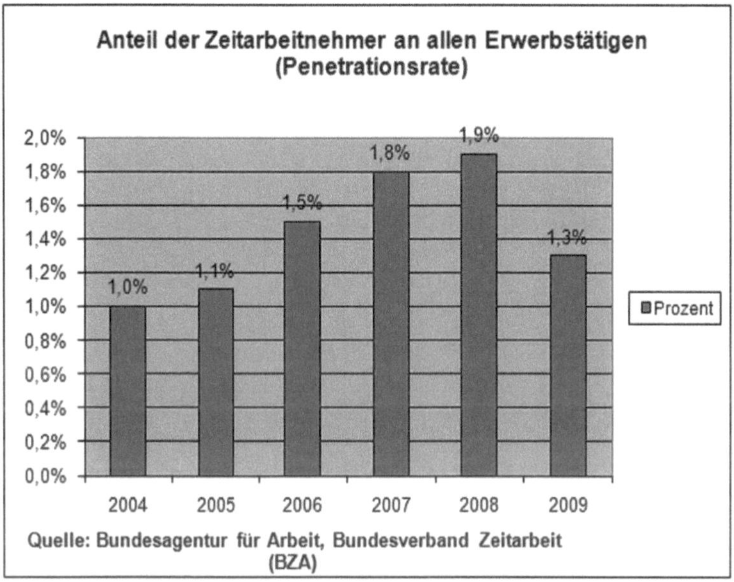

3.2.7 Anteil der Frauen und Männer 2008

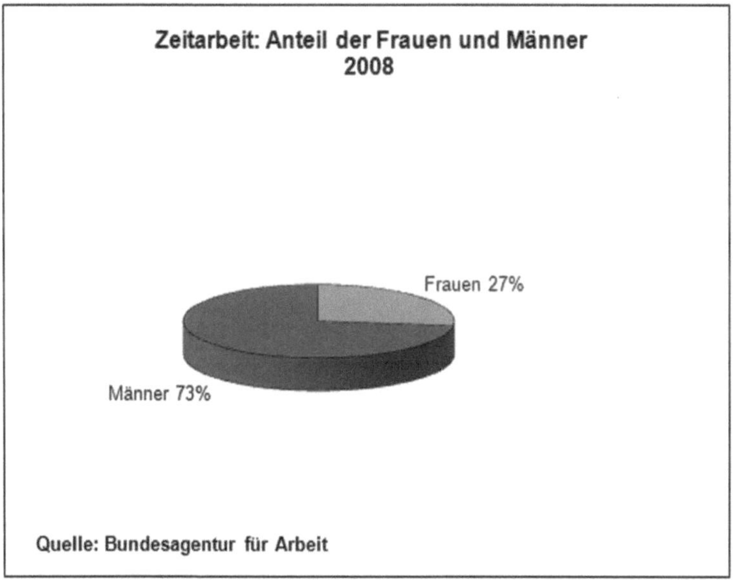

3.3 Berufsgruppen

Die meisten Zeitarbeitsunternehmen vermitteln in nahe zu alle Branchen.

Allerdings spezialisieren sich auch immer mehr Zeitarbeitsunternehmen auf bestimmte Berufsgruppen (z.B. Ingenieure, medizinisches Personal) um so ihren Kundenunternehmen Spezialkenntnisse auf einem bestimmten Gebiet anbieten zu können.

Arbeitssuchende aber auch Berufsanfänger haben in der Zeitarbeit gute Perspektiven.

4 Abgrenzung zu anderen Vertragsverhältnissen

4.1 Arbeitsvermittlung

4.1.1 Begriff der Arbeitsvermittlung

Eine Arbeitnehmerüberlassung im Sinne des AÜG liegt nicht vor, wenn es sich bei der Bereitstellung von Arbeitskräften um Arbeitsvermittlung handelt.

Arbeitsvermittlung umfasst alle Tätigkeiten, die darauf gerichtet sind, Ausbildungssuchende mit Arbeitgebern zur Begründung eines Ausbildungsverhältnisses und Arbeitssuchende mit Arbeitgebern zur Begründung eines Beschäftigungsverhältnisses zusammenzuführen (§ 35 Abs. 1 Satz 2 SGB III).

Arbeitsvermittlung wird immer dann angenommen, wenn Arbeitnehmer Dritten zur Arbeitsleistung überlassen werden und der Überlassende nicht die üblichen Arbeitgeberpflichten oder das Arbeitgeberrisiko (§ 3 Abs.1 Ziff.1 bis 3 AÜG) übernimmt (§ 1 Abs. 2 AÜG).

Zu den üblichen Arbeitgeberpflichten zählen alle arbeits-, sozial- und steuerrechtlichen Pflichten eines Arbeitgebers. Das Arbeitgeberrisiko besteht im Wesentlichen in der Übernahme des Beschäftigungsrisikos, wonach der Arbeitgeber die vertraglich vereinbarte Arbeitszeit des Arbeitnehmers auch dann vergüten muss, wenn der Arbeitnehmer aus vom Arbeitgeber (Verleiher) vertretenen Gründen nicht beschäftigt werden kann (vgl. § 615 BGB, § 11 Abs. 4 Satz 2 AÜG).

Die private Arbeitsvermittlung ist anders als die gewerbsmäßige Arbeitnehmerüberlassung auch ohne besondere Erlaubnis der Bundesanstalt für Arbeit zulässig. Viele Zeitarbeitsunternehmen nehmen diese Aufgabe zusätzlich zu ihrem eigentlichen Leistungsangebot wahr.

Der Personalvermittler wird sowohl für Arbeitgeber als auch für Bewerber und Arbeitssuchende tätig.

Für Arbeitgeber übernehmen Personalvermittler die Suche nach geeignetem Personal, die in der Regel sehr arbeits- und zeitintensiv ist: Anzeigen müssen geschaltet, Bewerbungsunterlagen gesichtet und Bewerbungsgespräche geführt werden. Das Honorar des Personalvermittlers wird frei vereinbart.

Arbeitssuchenden und Bewerbern, die sich beruflich verändern wollen, helfen Personalvermittler bei der Suche nach einer passenden Beschäftigung. Durch den Kontakt mit einem Personalvermittler können sich die Chancen des Bewerbers auf einen passenden Arbeitsplatz erhöhen und zeigen potentiellen Arbeitgebern dessen eigenes Engagement.

Um eine professionelle Vermittlung zu gewährleisten, erstellt der Personalvermittler als erstes ein Stellenanforderungsprofil für den zu besetzenden Arbeitsplatz. Durch eventuelle Tests, Bewerbungsgespräche und aus Referenzen wird das Eignungsprofil des Bewerbers ermittelt und in einem Bewerberprofil festgehalten. Dadurch ist gewährleistet, dass der für den Bewerber ausgesuchte Arbeitsplatz mit dessen Qualifikationen übereinstimmt. Darüber hinaus erhält der Bewerber durch die Personalvermittler vielfältige Unterstützung für den gesamten Bewerbungsprozess. Alle Daten müssen von dem Personalvermittler selbstverständlich vertraulich behandelt werden.

4.1.2 Vermittlungsvertrag

Ein Vergütungsanspruch des Personalvermittlers gegen den zukünftigen Arbeitgeber des Arbeitnehmers setzt voraus, dass mit dem zukünftigen Arbeitgeber eine entsprechende Vergütungsvereinbarung getroffen ist. Formvorschriften für eine solche Vereinbarung gibt es nicht. Insbesondere muss die Vereinbarung nicht schriftlich erfolgen. Gleichwohl ist ein schriftlicher Arbeitsvermittlungsvertrag aus Nachweisgründen immer zu empfehlen.

4.2 Werk- oder Dienstvertrag

Bei dem drittbezogenen Personaleinsatz aufgrund eines Dienst- oder Werkvertrages organisiert der Unternehmer (Arbeitgeber) die zur Erreichung seines wirtschaftlichen Erfolges notwendigen Handlungen selbst und bedient sich dabei seiner Arbeitnehmer als Erfüllungsgehilfen (§ 278 BGB); er bleibt für die Erfüllung der im Vertrag mit dem Dritten vorgesehenen Dienste oder für die Erstellung des dem Dritten vertraglich geschuldeten Werks verantwortlich und muss sich das Verschulden der Erfüllungsgehilfen bei ihrer Tätigkeit als eigenes Verschulden zurechnen lassen.

Dagegen liegt Arbeitnehmerüberlassung vor, wenn der Arbeitgeber dem Dritten geeignete Arbeitskräfte überlässt, die der Dritte nach eigenen betrieblichen Erfordernissen in seinem Betrieb nach seinen Weisungen einsetzt. Der Verleiher schuldet damit nur die Zurverfügungstellung von geeigneten Arbeitnehmern zum Zwecke der Arbeitsleistung beim Entleiher.

Für das Vorliegen eines Werkvertrages sprechen die folgenden Punkte:

- Vereinbarung und Erstellung eines konkret bestimmten Werkergebnisses bzw. Veränderung einer Sache;
- Eigenverantwortliche Organisation aller sich der Übernahmeverpflichtung ergebenden Handlungen durch den Werkunternehmer (unternehmerische Dispositionsfreiheit, auch in zeitlicher Hinsicht; keine Einflussnahme des Bestellers auf Anzahl und Qualifikation der am Werkvertrag beteiligten Arbeitnehmer; in der Regel eigene Arbeitsmittel);
- Weisungsrecht des Werkunternehmers gegenüber seinen im Betrieb des Bestellers tätigen Arbeitnehmers; keine Eingliederung in die Arbeitsabläufe oder in den Produktionsprozess des Bestellerbetriebes;
- Tragen des Unternehmerrisikos durch den Werkunternehmer, insbesondere Gewährleistung für Mängel des Werkes, Erlöschen der Zahlungspflicht des Bestellers bei zufälligem Untergang des Werkes;
- Ergebnisbezogene Vergütung, grundsätzlich keine Abrechnung nach Zeiteinheiten.

In der Praxis wird häufig versucht die möglichen Rechtsfolgen des Arbeitnehmerüberlassungsgesetzes dadurch zu umgehen, dass entsprechende Verträge über einen drittbezogenen Personaleinsatz als Werk- oder Dienstverträge bezeichnet werden. Von derartigen Umgehungsversuchen ist abzuraten. Entscheidend für die rechtliche Einordnung eines Vertrages als Werk- oder Dienstvertrag oder als Arbeitnehmerüberlassungsvertrag ist weniger die Bezeichnung des Vertrages oder die von den Vertragsparteien gewünschte Rechtsfolge, als vielmehr die praktische Durchführung und der tatsächliche Geschäftsinhalt.

5 Erlaubnis der Bundesagentur für Arbeit

5.1 Erlaubnispflichtige gewerbsmäßige Arbeitnehmerüberlassung

Arbeitgeber, die Dritten (Entleihern) Arbeitnehmer (Leiharbeitnehmer) gewerbsmäßig zur Arbeitsleistung überlassen wollen (Verleiher), bedürfen der Erlaubnis der Bundesagentur für Arbeit (§§ 1,17 AÜG).

Unter gewerbsmäßiger Tätigkeit ist jede nicht nur gelegentliche, sondern auf eine gewisse Dauer angelegte und auf Erzielung unmittelbarer oder mittelbarer wirtschaftlicher Vorteile ausgerichtete selbständige Tätigkeit zu verstehen.

5.2 Erlaubnisfreie Arbeitnehmerüberlassung

Es gibt auch Fälle in denen die Arbeitnehmerüberlassung nicht der Erlaubnis durch die Bundesagentur für Arbeit bedarf.

5.2.1 Gesetzlich geregelte Fälle

Die folgenden im AÜG genannten Formen der Arbeitnehmerüberlassung bedürfen keiner Erlaubnis durch die Agentur für Arbeit.

- Die Wirtschaftszweiginterne Arbeitnehmerüberlassung (§ 1 Abs. 3 Ziff. 1 AÜG),
- Die vorübergehende konzerninterne Arbeitnehmerüberlassung (§ 1 Abs. 3 Ziff. 2 AÜG), vorübergehend im Sinne des § 1 Abs.3 Ziff. 2 AÜG bedeutet, dass die Rückkehr zum Vertragsarbeitgeber vorgesehen sein muss. Da es bei der Ausfüllung des Begriffes „vorübergehend“ nicht auf eine bestimmte Zeitdauer ankommt, kann insoweit auch nicht auf bestimmte gesetzlich geregelte Fristen abgestellt werden.
- Die Arbeitnehmerüberlassung in das Ausland, wenn der Leiharbeitnehmer in ein auf der Grundlage zwischenstaatlicher Vereinbarungen begründetes deutsch-ausländisches Gemeinschaftsunternehmen vermittelt wird, an dem der Verleiher beteiligt ist (§ 1 Abs. 3 Ziff. 3 AÜG).
- Die anzeigepflichtige Arbeitnehmerüberlassung bis zur Höchstdauer von 12 Monaten zur Vermeidung von Kurzarbeit oder Entlassungen durch Arbeitgeber mit weniger als 50 Arbeitnehmern (§ 1a Abs. 1 AÜG).

5.2.2 Gesetzlich nicht geregelte Fälle

5.2.2.1 Gelegentliche Arbeitnehmerüberlassung

Im Unterschied zur gewerbsmäßigen Arbeitnehmerüberlassung erbringt der Mitarbeiter hier in der Regel seine Arbeitsleistung bei seinem Vertragsarbeitgeber. Eine Überlassung an Dritte erfolgt nur gelegentlich, und zwar insbesondere dann, wenn die Arbeitsleistung des Mitarbeiters vorübergehend keinem Bedarf gegenübersteht (z.B. bei einer zeitlichen Stilllegung der Produktionsanlagen aus Gründen der Wartung, Reparatur oder technischen Erneuerung).

5.2.2.2 Gemeinnützige Arbeitnehmerüberlassung

Bei der gemeinnützigen Arbeitnehmerüberlassung werden Mitarbeiter nicht in Gewinnerzielungsabsicht, sondern aus karitativen, religiösen oder sozialen Gründen von ihrem Arbeitgeber an Dritte zur Arbeitsleistung überlassen. Bei den Verleihunternehmen müssen in steuerrechtlicher Hinsicht die Voraussetzungen der Gemeinnützigkeit vorliegen (§§ 52 ff. AO).

5.2.2.3 Überlassung von Maschinen mit Bedienungspersonal

Bei der erlaubnisfreien Überlassung von Maschinen mit Bedienungspersonal darf die Arbeitnehmerüberlassung nur Nebenleistung gegenüber der Maschinenüberlassung sein.

5.3 Erlaubnisverfahren

Gemäß § 17 AÜG führt die Bundesagentur für Arbeit das AÜG durch.

5.3.1 Zuständigkeiten

Zuständig für die Erteilung der Erlaubnis in Deutschland ist die Regionaldirektion in deren Bezirk das Zeitarbeitsunternehmen seinen Sitz hat.

Für ausländische Antragsteller, deren Geschäftssitz sich nicht in der Bundesrepublik Deutschland befindet, gelten besondere Zuständigkeitsregelungen.

Regionaldirektion	Zuständig für	
	Bundesländer	Ausland
Nord	Hamburg Schleswig-Holstein Mecklenburg- Vorpommern	Dänemark Norwegen Schweden Finnland Island Estland Lettland Litauen
Niedersachsen-Bremen	Niedersachsen-Bremen	
Nordrhein-Westfalen	Nordrhein-Westfalen	Großbritannien Irland Niederlande Malta Polen
Hessen	Hessen	Rumänien Bulgarien alle Nicht-EU-EWR-Staaten
Rheinland-Pfalz-Saarland	Rheinland-Pfalz-Saarland	Belgien Frankreich Luxemburg
Baden-Württemberg	Baden-Württemberg	Spanien Portugal
Bayern	Bayern	Italien Griechenland Österreich Liechtenstein Slowenien Zypern
Berlin-Brandenburg	Berlin-Brandenburg	
Sachsen-Anhalt-Thüringen	Sachsen-Anhalt-Thüringen	Ungarn
Sachsen	Sachsen	Slowakei Tschechien

5.3.2 Antragstellung

Die Bundesagentur für Arbeit stellt Antragsvordrucke zur Verfügung.

Von dem Antragsteller wird die Vorlage folgender Unterlagen verlangt:

- Kopie des aktuellen Handelsregisterauszugs,
- Kopie des Gesellschaftsvertrages,
- Kopie der Gewerbeanmeldung,
- Nachweis über die Beantragung eines Führungszeugnisses zur Vorlage bei einer Behörde, Auskunft aus dem Gewerbezentralregister,
- Bescheinigung der Berufsgenossenschaft (Unfallversicherungsträger),
- Einverständniserklärung für das Einholen von Auskünften beim Finanzamt,
- Bescheinigungen der Krankenkassen, bei denen die Mehrzahl der Leiharbeitnehmer versichert ist oder versichert werden soll,
- Aktuelle Liquiditätsnachweise: Auszüge aller Geschäftskonten, ggf. Kreditbestätigungen und Betriebswirtschaftliche Auswertung (hinsichtlich der Bonität müssen mindestens 2.000,00 € pro Leiharbeitnehmer, mindestens jedoch 10.000 € liquide Mittel nachgewiesen werden),
- Muster eines Leiharbeitsvertrages – bzw. eines Arbeitsvertrages mit Zusatzvereinbarung für Leiharbeitnehmer – gemäß § 11 AÜG,
- Muster eines Überlassungsvertrages gemäß § 12 AÜG.

Die Gebühr für die Erteilung oder Verlängerung einer befristeten Erlaubnis beträgt nach der AÜKostV zurzeit 750,- Euro, für eine unbefristete Erlaubnis 2.000,- Euro.

5.3.3 Versagungstatbestände

Gemäß § 3 Abs. 1 Ziff. 1-3, Abs. 2 AÜG ist die Erlaubnis oder ihre Verlängerung zu versagen, wenn Tatsachen die Annahme rechtfertigen, dass der Antragsteller:

- die für die Ausübung der Tätigkeit nach § 1 erforderliche Zuverlässigkeit nicht besitzt (insbesondere Sozialversicherung, Lohnsteuer, Arbeitsschutz, Arbeitsvermittlung, Ausländerbeschäftigung, arbeitsrechtliche Pflichten (Ziffer 1),
- über eine mangelnde Betriebsorganisation verfügt (Ziffer 2),
- dem Leiharbeitnehmer unzulässige, weil gleichbehandlungswidrige Arbeitsbedingungen gewährt (Ziffer 3).

Weitere Versagungsgründe ergeben sich aus § 3 Abs. 2 und Abs. 3 AÜG. Danach ist die Erlaubnis ferner zu versagen, wenn dem Antragsteller die elementarsten Kenntnisse für die Ausübung dieses Gewerbes fehlen. Einschlägige Fachkunde und Berufserfahrungen sind nicht erforderlich.

5.3.4 Mangelnde Zuverlässigkeit

Bei dem unbestimmten Rechtsbegriff der „erforderlichen Zuverlässigkeit“ muss die zuständige Regionaldirektion eine Prognoseentscheidung erstellen.

Antragsteller gelten dann als unzuverlässig, wenn zu erwarten ist, dass sie die Arbeitnehmerüberlassung nicht gesetzmäßig ausüben. Überprüfungskriterium zur Beurteilung der erforderlichen Zuverlässigkeit ist damit die Beachtung der gesamten Rechtsordnung durch den Antragsteller. Die Aufzählung der Arbeitgeberpflichten in § 3 Abs. 1 Ziff. 1 AÜG ist nicht abschließend („insbesondere“). Selbst bei Erfüllung der dort genannten Arbeitgeberpflichten kann mangelnde Zuverlässigkeit zu bejahen sein, wenn sich diese aus anderen Umständen ergibt.

Indizien für eine mangelnde Zuverlässigkeit können sein:

- Strafrechtliche Verurteilungen und/oder anhängige Strafverfahren bzw. staatsanwaltliche Ermittlungen;
- Verhängte Geldbußen und/oder anhängige Ermittlungsverfahren nach dem OWiG;
- Gewerbeuntersagungen nach § 35 GewO;
- Konkurs-/Vergleichs-/Insolvenzverfahren;
- Erfolglose Einzelvollstreckungen.

Sind entsprechende Maßnahmen / Verfahren innerhalb der letzten fünf Jahre vor Antragstellung erfolgt, folgt hieraus jedoch nicht zwingend die Unzuverlässigkeit des Antragstellers. Die Maßnahmen/verfahren werden jedoch bei der Beurteilung der Zuverlässigkeit von der zuständigen Regionaldirektion mitberücksichtigt.

Der Antragsteller muss ein Mindestmaß an Kenntnis des Arbeits-, Sozialversicherungs- und Steuerrechts nachweisen können. Dies kann z.B. durch Angaben zum bisherigen beruflichen Werdegang des Antragstellers erfolgen. Nach der Durchführungsanweisung der Bundesagentur für Arbeit zu § 3 Ziff.3.1.3. gilt der Nachweis hinreichender Kenntnisse als erbracht, wenn der Antragsteller

- Bereits früher als Gewerbetreibender im Wirtschaftsleben tätig war;
- Über eine abgeschlossene kaufmännische Ausbildung verfügt;
- Einen Meisterbrief besitzt;
- Mehrere Jahre im Personalbereich eines Unternehmens tätig war;
- An einem Existenzgründerlehrgang der IHK oder einem vergleichbaren Lehrgang teilgenommen hat;
- Wenn es sich um einen Mischbetrieb handelt, der bereits seit längerer Zeit besteht.

5.3.4.1 Person des Antragstellers

Für die Prüfung der Zuverlässigkeit kommt es grundsätzlich auf die Zuverlässigkeit des Antragstellers an. Bei Strohmannverhältnissen ist auf die Zuverlässigkeit bzw. Unzuverlässigkeit des Hintermannes als des tatsächlichen Gewerbetreibenden abzustellen.

Bei der Antragstellung durch eine juristische Person kommt es auf die Zuverlässigkeit der vertretungsberechtigten Organe (z.B. Geschäftsführer, Vorstand) an. Sind mehrere gesetzliche Vertreter vorhanden, ist die Erlaubnis bereits dann zu versagen, wenn nur einer dieser Vertreter die erforderliche Zuverlässigkeit nicht besitzt. Gleiches gilt bei Personalgesellschaften, wenn nur ein vertretungsberechtigter Gesellschafter als nicht hinreichend zuverlässig beurteilt wird.

5.3.5 Mangelnde Betriebsorganisation

Eine qualitativ hochwertige und sichere Dienstleitung lässt sich nur umsetzten, wenn die Arbeit im Zeitarbeitsunternehmen sicher, gesundheitsgerecht und fachgerecht organisiert ist.

Ein Anspruch auf die Erlaubnis besteht daher ebenfalls nicht bei mangelnder Betriebsorganisation des Betriebs des Antragstellers / Verleihers.

Der Antragsteller muss seinen Betrieb so organisieren, dass er die üblichen Arbeitgeberpflichten erfüllen kann. Er ist also vor allem zur ordnungsgemäßen Abrechnung und Auszahlung des Arbeitsentgelts, der Abgabe von Meldungen und der Abführung der Steuern und Sozialbeiträge verpflichtet.

Eine hinreichende betriebliche Organisation beinhaltet u.a. die folgenden Punkte:

- Feste Betriebsstätte mit entsprechender materieller Ausstattung,
- Keine sog. „Sofa- Rucksack- und Briefkastenfirmen“,
- Regelmäßige Erreichbarkeit des Geschäftsbetriebes,
- Organisatorischer Rahmen, der die Einhaltung der Verleihpflichten erwarten lässt (z.B. Organisationshandbuch und regelmäßige Überprüfung der Einhaltung),
- Ausreichendes Eigenkapital, von den Regionaldirektionen wird in der Regel der Nachweis von 10.000,- Euro verlangt bzw. 2.000,- Euro für jeden beschäftigten Arbeitnehmer.

5.4 Erlaubniserteilung

Gemäß § 2 Abs. 4 Satz1 AÜG ist die Erlaubnis zunächst zwingend auf ein Jahr zu befristen. Nach drei Jahren ununterbrochener Betätigung als Verleiher kann die Erlaubnis unbefristet erteilt werden (§ 2 Abs. 5 Satz 1 AÜG). Die Erlaubnis kann unter Bedingungen erteilt oder mit Auflagen verbunden werden (§ 2 Abs. 2 AÜG). Diese möglichen Beschränkungen sollen sicherstellen, dass der Verleiher seine Arbeitgeberpflichten erfüllt und sich nicht nur als Arbeitsvermittler betätigt.

5.5 Rücknahme und Widerruf der Erlaubnis

5.5.1 Rücknahme

Die Erlaubnis kann mit Wirkung für die Zukunft von der Regionaldirektion zurückgenommen werden, wenn sie aufgrund einer unrichtigen Rechtsanwendung rechtswidrig erteilt wurde (§ 4 Abs. 1 Satz 1 AÜG). Eine Rücknahme kommt nur in Betracht, wenn schon bei der Erteilung Versagungsgründe nach § 3 AÜG vorlagen, die der Regionaldirektion nicht bekannt waren. Später eintretende Umstände, die zur Rechtswidrigkeit der Erlaubnis führen, können nur noch eine Versagung der Erlaubnis nach § 3 AÜG bzw. in seltenen Fällen einen Widerruf nach § 4 AÜG nach sich ziehen. Die Rücknahme der Erlaubnis ist nur innerhalb eines Jahres ab dem Zeitpunkt möglich, zu dem die Regionaldirektion von den Tatsachen Kenntnis erhalten hat, die die Rücknahme der Erlaubnis rechtfertigen (§ 4 Abs. 3 AÜG). Auch im Fall der Rücknahme der Erlaubnis gilt die Erlaubnis für die Abwicklung bereits erlaubt abgeschlossener Überlassungsverträge als fortbestehend, längstens jedoch für zwölf Monate (§ 4 Abs. 1 Satz 2 AÜG).

5.5.2 Widerruf

Die Widerrufsgründe ergeben sich aus § 5 AÜG und sind abschließend-

Ein Widerruf der Erlaubnis ist zulässig, wenn die Behörde auf Grund nachträglich eingetretener Tatsachen berechtigt wäre, die Erlaubnis zu versagen (§ 5 Abs. 1 Nr. 3 AÜG), der Widerruf bereits bei der Erlaubnis vorbehalten war (§ 5 Abs. 1 Nr. 1 AÜG), der Verleiher eine Auflage nach § 2 AÜG nicht innerhalb einer ihm gesetzten Frist erfüllt hat (§ 5 Abs. 1 Nr. 2 AÜG) oder wenn die Regionaldirektion auf Grund einer geänderten Rechtslage berechtigt wäre, die Erlaubnis zu versagen (§ 5 Abs. 1 Nr. 4 AÜG).

Die Regionaldirektion hat vor einem Widerruf der Erlaubnis zu prüfen, ob das beabsichtigte Ziel nicht auch durch Verhängung einer Auflage (§ 2 Abs. 2 AÜG) erreicht werden kann (außer im Fall des § 5 Abs. 1 Nr. 2 AÜG).

Die Frist zum Widerruf der Erlaubnis beträgt ein Jahr ab dem Zeitpunkt, an dem die Regionaldirektion von den Tatsachen Kenntnis erhalten hat, die den Widerruf der Erlaubnis rechtfertigen (§ 5 Abs. 4 AÜG).

Wird die Erlaubnis widerrufen, tritt die Unwirksamkeit der erteilten Erlaubnis mit Bekanntgabe des Widerrufs ein (§ 5 Abs. 2 AÜG). Auch hier gilt die einjährige Abwicklungsfrist des § 2 Abs. 4 Satz 4 AÜG.

5.6 Anzeige- und Auskunftspflichten des Verleihers

Gemäß § 7 AÜG ist der Verleiher gegenüber der Bundesagentur für Arbeit zur Erstattung von Anzeigen und zur Erteilung von Auskünften verpflichtet. Zu den anzeigepflichtigen Tatbeständen gehören die Verlegung, Schließung und Errichtung von Betrieben, Betriebsteilen oder Nebenbetrieben, soweit diese die Ausübung der Arbeitnehmerüberlassung zum Gegenstand haben.

Gemäß § 7 Abs. 2 AÜG hat der Verleiher der Erlaubnisbehörde auf Verlangen die Auskünfte zu erteilen, die zur Durchführung des AÜG erforderlich sind.

Aus § 7 Abs. 3 AÜG ergibt sich, dass die von der Erlaubnisbehörde beauftragten Personen in begründeten Ausnahmefällen befugt sind, Grundstücke und Geschäftsräume des Verleihers zu betreten und dort Prüfungen vorzunehmen (Betretungs- und Prüfungsrecht). Nach § 7 Abs. 3 Satz 2 AÜG hat der Verleiher dies zu dulden. Die Ausübung des Betretungs- und Prüfungsrechts nach § 7 Abs. 3 AÜG setzt weder ein vorheriges Auskunftsverlangen der Erlaubnisbehörde nach § 7 Abs. 2 AÜG noch stets den vorherigen Erlass einer Duldungsverfügung voraus.

Nach § 8 Abs. 1 AÜG sind halbjährlich umfangreiche statistische Meldungen zu erstatten.

Wer vorsätzlich oder fahrlässig entgegen § 7 Abs. 3 Satz 2 AÜG eine dort genannte Maßnahme nicht duldet handelt ordnungswidrig. Die Geldbuße kann bis 500,- Euro betragen (§ 16 Abs. 1 AÜG Ziff. 6a AÜG).

5.7 Erlöschen der Erlaubnis

Gemäß § 2 Abs. 5 Satz 2 AÜG erlischt die Überlassungserlaubnis wenn der Verleiher von der Erlaubnis drei Jahre lang keinen Gebrauch gemacht hat.

Diese Vorschrift kann insbesondere in den Fällen an Bedeutung gewinnen, wenn ein Werk- oder Dienstvertrag im Grenzbereich zur Arbeitnehmerüberlassung praktiziert wird. Denn die verdeckte Arbeitnehmerüberlassung in Form eines Scheinwerkvertrages ist kein „Gebrauchen machen" im Sinne der Vorschrift. In diesen Fällen sollte der Auftraggeber sicherstellen, dass der Auftragnehmer neben der Durchführung von Werk- und Dienstverträgen sowie der Arbeitsvermittlung auch Arbeitnehmerüberlassung praktiziert.

6 Konzerninterne Personaldienstleistungsgesellschaft

Immer mehr Unternehmen gründen eigene Personendienstleistungsgesellschaften, die Leiharbeitnehmer an konzernangehörige Unternehmen verleihen. Durch die Gründung der konzerninternen Personaldienstleistungsgesellschaften sind die Unternehmen in der Lage bei Auftrags- und Arbeitsausfall flexibel zu reagieren. Personalüberhänge werden nicht mehr bei den einzelnen Konzernunternehmen, sondern auf die Personaldienstleistungsgesellschaft verlagert. Von dort aus können die Mitarbeiter oft zum Selbstkostenpreis je nach Bedarf flexibel in den Unternehmensbereichen eingesetzt werden. Die Unternehmen bauen sich so einen Mitarbeiterpool auf, auf den sie bei Bedarf zurückgreifen können und die Mitarbeiter da einsetzen können, wo akuter Personalbedarf besteht. Diese Lösung kommt aber auch den Mitarbeitern zugute, die sonst womöglich ihren Arbeitsplatz verloren hätten, weil in ihren Konzernbereichen Arbeitsplätze abgebaut werden mussten. Des Weiteren kann das Unternehmen so die Abhängigkeit von einem externen Personaldienstleister vermeiden.

Die Gründung von konzerninternen Personaldienstleistungsgesellschaften birgt aber auch die Gefahr, dass diese ausschließlich dazu gegründet werden, um dieselben Mitarbeiter an denselben Arbeitsplätzen im selben Unternehmen zu beschäftigen und der einzige Unterschied in einem niedrigeren Lohn liegt. In solchen Fällen muss man sich die Frage stellen, ob dies überhaupt noch eine Arbeitnehmerüberlassung i.S.d. AÜG darstellt.

7 Illegale Arbeitnehmerüberlassung

7.1 Begriff

Unter illegaler Arbeitnehmerüberlassung versteht man die gewerbsmäßige Überlassung von Arbeitnehmer an Entleiher, ohne dass der Verleiher die nach § 1 AÜG erforderliche Erlaubnis hat.

Dabei wird zwischen der offenen und der verdeckten illegalen Arbeitnehmerüberlassung unterschieden.

7.1.1 Offene illegale Arbeitnehmerüberlassung

Bei der offenen illegalen Arbeitnehmerüberlassung werden Arbeitnehmer als Leiharbeitnehmer Entleihern zur Erbringung der Arbeitsleistung überlassen, ohne dass der Verleiher die Erlaubnis nach § 1 AÜG besitzt.

Die Regionaldirektion kann die Überlassung von Arbeitnehmern ohne die erforderliche Erlaubnis untersagen und eine mögliche weitere Überlassung durch Zwangsmaßnahmen unterbinden (§ 6 AÜG).

7.1.2 Verdeckte illegale Arbeitnehmerüberlassung

Bei der verdeckten illegalen Arbeitnehmerüberlassung werden zwischen den Unternehmen Werk- oder Dienstverträge geschlossen auf Grund dessen Arbeitnehmer bei dem Kundenunternehmen eingesetzt werden. Anders als bei der offenen illegalen Arbeitnehmerüberlassung lässt sich die verdeckte illegale Arbeitnehmerüberlassung erst durch eine Gesamtbetrachtung feststellen.

7.2 Rechtsfolgen

Gemäß § 10 Abs. 1 Satz 1 AÜG gilt ein Arbeitsvertrag zwischen dem Entleiher und dem Leiharbeitnehmer als zustande gekommen, wenn der zwischen dem Verleiher und dem Leiharbeitnehmer geschlossene Arbeitsvertrag nach § 9 Ziffer 1 AÜG unwirksam ist. Dies ist dann der Fall, wenn der Arbeitgeber als Verleiher einem Dritten, dem Entleiher, Arbeitnehmer gewerbsmäßig zur Arbeitsleistung überlassen hat, ohne die dazu erforderliche Erlaubnis nach § 1 AÜG zu besitzen.

Dies hat zur Folge, dass der Entleiher, entgegen seinem Willen, nicht nur einen neuen Mitarbeiter mit allen arbeitsrechtlichen Konsequenzen „gewinnt“, sondern auch als Arbeitgeber für die Erbringung der Sozialversicherungsbeiträge und Lohnsteuer nach § 28 e SGB IV haftet.

7.2.1 Lohnsteuer

Die Lohnsteuerhaftung des Entleihers ist durch § 42 d Abs. 6, Abs. 7, Abs. 8EStG geregelt. Zielrichtung dieser gesetzlichen Vorschriften ist insbesondere die illegale Arbeitnehmerüberlassung aus dem Ausland. Der Entleiher haftet neben dem Verleiher als Gesamtschuldner. Der Entleiher haftet nicht, wenn der Überlassung eine Arbeitnehmerüberlassungserlaubnis zugrunde liegt und er nachweist, dass er seinen Mitwirkungspflichten nachgekommen ist. Der Entleiher haftet ferner nicht, wenn er über das Vorliegen einer Arbeitnehmerüberlassung ohne Verschulden irrte. Die Haftung beschränkt sich auf die Lohnsteuer für die Zeit, für die ihm der Arbeitnehmer überlassen worden ist.

7.2.2 Sozialversicherungsbeiträge

Solange der „illegale" Verleiher an den Arbeitnehmer ein Arbeitsentgelt bezahlt, gilt er im Hinblick auf seine Zahlungspflicht neben dem Entleiher als Arbeitgeber und ist als solcher ebenfalls zur Zahlung der Sozialversicherungsbeiträge als Gesamtschuldner verpflichtet. Aber auch bei erlaubter gewerbsmäßiger Arbeitnehmerüberlassung haftet der Entleiher als selbstschuldnerischer Bürge für die im jeweiligen Überlassungszeitraum anfallenden Sozialversicherungsbeiträge (§ 28 e Abs. 2 SGB IV).

7.2.3 Unbedenklichkeitsbescheinigungen

Der Entleiher sollte sich immer die Arbeitnehmerüberlassungserlaubnis vorlegen lassen. Des Weiteren sollte sich der Entleiher Unbedenklichkeitsbescheinigungen der Krankenkasse, der Berufsgenossenschaft sowie des Finanzamtes vom Verleiher vorzeigen lassen. Insbesondere bei längeren Überlassungen sollte regelmäßig die Vorlage aktueller Unbedenklichkeitsbescheinigungen verlangt werden. Denn die Unbedenklichkeitsbescheinigungen schützen nicht, wenn während der laufenden Überlassung Rückstande auftreten.

7.2.4 Fiktives Arbeitsverhältnis

Das fiktive Arbeitsverhältnis zwischen dem ursprünglichen Entleiher und dem Leiharbeitnehmer gilt als befristet, wenn die Tätigkeit des Leiharbeitnehmers bei dem Entleiher nur befristet vorgesehen war und ein die Befristung des Arbeitsverhältnisses sachlich rechtfertigender Grund vorliegt. Es gilt die zwischen dem Verleiher und dem Entleiher vorgesehene Arbeitszeit als vereinbart. Im Übrigen bestimmen sich Inhalt und Dauer dieses Arbeitsverhältnisses nach den für den Betrieb des Entleihers geltenden Vorschriften und sonstigen geltenden Regelungen. Sind solche nicht vorhanden, gelten diejenigen vergleichbarer Betriebe. Der Leiharbeitnehmer hat gegen den Entleiher mindestens Anspruch auf das mit dem Verleiher vereinbarte Arbeitsentgelt (§ 10 Abs. 1 AÜG).

Wenn die Erlaubnis schon beim Vertragsabschluss fehlt, ist der Vertrag unwirksam und eine nachträgliche Heilung ist nicht möglich, da die Erlaubnis nicht rückwirkend mit Genehmigungswirkung erteilt werden kann.

Die Unwirksamkeit, bei einem Wegfall der Erlaubnis nach Vertragsschluss, tritt auch erst in diesem Zeitpunkt ein, also keine rückwirkende Unwirksamkeit. Gemäß § 2 Abs. 4 Satz 4 AÜG wird eine „Fortbestehensfiktion" gewährt. Dies bedeutet, dass die zuvor legal abgeschlossenen Arbeitsverträge zunächst, höchstens jedoch 12 Monate fortbestehen und abgewickelt werden können.

Dem Leiharbeitnehmer steht kein Widerspruchsrecht zu, allerdings stellt der fingierte Arbeitsvertrag einen wichtigen Kündigungsgrund im Sinne des § 626 BGB dar. Des Weiteren kann der Leiharbeitnehmer bei Unwirksamkeit des Vertrages zwischen Verleiher und Leiharbeitnehmer gemäß § 10 Abs. 2 Satz 1 AÜG vom Verleiher Ersatz des Schadens verlangen, den er dadurch erleidet, dass er auf die Gültigkeit des Vertrages vertraut hat.

7.2.5 Rückabwicklung

Die im Falle der illegalen Arbeitnehmerüberlassung geschlossenen wechselseitigen Verträge zwischen Verleiher und Leiharbeitnehmer einerseits und Verleiher und Entleiher andererseits sind jeweils nichtig (§ 9 Ziff. 1 AÜG). Daher sind die auf der Grundlage dieser Verträge erbrachten Leistungen ohne Rechtgrund erfolgt, so dass eine Rückabwicklung in Betracht kommt. Der Leiharbeitnehmer ist nicht verpflichtet den bereits gezahlten Lohn zurückzuerstatten, hat aber auch keinen Anspruch auf Doppelvergütung gegen den illegalen Verleiher und den illegalen Entleiher.

8 Kettenverleih

Ketten-, Mehrfach,- Zwischen-, Weiterverleih liegt vor, wenn ein Entleiher die ihm von einem Verleiher überlassenen Leiharbeitnehmer wiederum anderen Entleihern zur Arbeitsleistung zur Verfügung stellt. Dies ist nach dem AÜG nicht gestattet; der Weiterverleiher wird nicht Arbeitgeber der Leiharbeitnehmer, kann daher die Vorschriften des § 3
Abs. 1 nicht einhalten und verstößt gegen § 1 Abs. 2 AÜG.
Für die Unzulässigkeit des Kettenverleihs spricht, dass der Verleiher nur seine eigenen Arbeitnehmer überlassen kann und der Arbeitnehmer muss zur Arbeitsleistung beim Entleiher eingesetzt werden. Bei einem Kettenverleih können die Voraussetzungen des § 12 Abs. 1 AÜG (Rechtsbeziehungen zwischen Verleiher und Entleiher) nicht erfüllt werden.
Bei illegalem Verleih (Arbeitnehmerüberlassung ohne Erlaubnis) treten die Rechtsfolgen der §§ 9, 10 und 16 AÜG ein, während beim Erlaubnisinhaber nur über die Unzuverlässigkeit nach § 3 Abs. 1 Nr. 1 AÜG (Widerruf/ Versagung der Erlaubnis) geahndet werden kann.

Das Problem der angeblichen Unzulässigkeit wird häufig dadurch umgangen, dass die Firma, die in der Mitte der Kette steht, als Vertreter des Verleihers auftritt und nicht selbst als Entleiher tätig wird.

9 Baugewerbe

9.1 Verbot der Überlassung ins Baugewerbe

Nach § 1b Satz 1 AÜG ist die gewerbsmäßige Arbeitnehmerüberlassung in Betriebe des Baugewerbes für Arbeiten, die üblicherweise von Arbeitern verrichtet werden, unzulässig. „Betriebe des Baugewerbes“ im Sinne des § 1b Satz 1 AÜG sind solche Betriebe des Baugewerbes, die gewerblich überwiegend (mehr als 50 %) Bauleistungen auf dem Baumarkt erbringen.

Bauleistungen sind gemäß § 173 Abs. 1 SGB III alle Bauarbeiten, die der Herstellung, Instandsetzung, Instandhaltung, Änderung oder Beseitigung von Bauwerken dienen.
Weitgehend präzisiert wurde der Begriff der „Betriebe des Baugewerbes“ durch die Baubetriebe-VO. Danach sind „Betriebe des Baugewerbes“, die in § 1 Baubetriebe-VO genannten Betriebe bzw. Betriebe, in denen die dort genannten Arbeiten verrichtet werden.
Gestattet ist sie nach § 1b Satz 2 AÜG zwischen Betrieben des Baugewerbes und anderen Betrieben, wenn die für diese Betriebe erfassende, für allgemeinverbindlich erklärte Tarifverträge dies bestimmen, sowie zwischen Betrieben des Baugewerbes, wenn der verleihende Betrieb nachweislich seit mindestens drei Jahren von denselben Rahmen- und Sozialkassentarifverträgen oder von deren Allgemeinverbindlichkeit erfasst wird.
Abweichend hiervon ist nach § 1b Satz 3 AÜG für Betriebe des Baugewerbes mit Geschäftssitz in einem anderen Mitgliedstaat des Europäischen Wirtschaftsraumes gewerbsmäßige Arbeitnehmerüberlassung auch gestattet, wenn die ausländischen Betriebe nicht von deutschen Rahmen und Sozialkassentarifverträgen oder für allgemeinverbindlich erklärten Tarifverträgen erfasst werden, sie aber nachweislich seit mindestens drei Jahren überwiegend Tätigkeiten ausüben, die unter den Geltungsbereich derselben Rahmen- und Sozialkassentarifverträge fallen, von denen der Betrieb des Entleihers erfasst wird.

9.2 Rechtsfolgen bei Verstoß

Während bei der gewerbsmäßigen Arbeitnehmerüberlassung zwischen Entleiher und Leiharbeitnehmer nach §§ 10 Abs. 1 Satz 1, 9 Nr. 1 AÜG ein Arbeitsverhältnis als zustande gekommen gilt, wenn der Verleiher nicht die nach § 1 Abs. 1 AÜG erforderliche Erlaubnis zur Arbeitnehmerüberlassung hatte, führt eine nach § 1 b Satz 1 AÜG unzulässige Arbeitnehmerüberlassung in Betriebe des Baugewerbes nicht zu einem Arbeitsverhältnis zwischen Entleiher und Leiharbeitnehmer. Mithin wird die Wirksamkeit von abgeschlossenen Leiharbeitsverträgen durch eine verbotswidrige Überlassung nicht berührt, so dass die Arbeitgeberpflichten – insbesondere die Lohnzahlungspflicht - hierdurch nicht entfallen. Allerdings sind die verbotswidrig abgeschlossenen Arbeitnehmerüberlassungsverträge gemäß § 134 BGB nichtig, so dass der Verleiher weder aus dem nichtigen Vertrag noch aufgrund gesetzlicher Vorschriften seine Vergütung verlangen kann.

Die verbotswidrige Überlassung von Leiharbeitnehmern in das Baugewerbe wird gemäß § 16 I Nr. 1b AÜG als Ordnungswidrigkeit geahndet. Daneben führt ein Verstoß zu erheblichen Zweifeln an der erforderlichen Zuverlässigkeit des Verleihers, die einen Widerruf bzw. Nichtverlängerung der Erlaubnis zur gewerbsmäßigen Arbeitnehmerüberlassung rechtfertigen könnte.

9.3 Überlassung ins Ausland

Obwohl die Arbeitnehmerüberlassung in Betriebe des Baugewerbes für Arbeiten, die üblicherweise von Arbeitern verrichtet werden nach § 1b Satz 1 AÜG in Deutschland unzulässig ist, kann sie im Ausland nach Auffassung der Bundesagentur für Arbeit zulässig sein. Voraussetzung ist, dass die Rechtsvorschriften des Landes, in das die Arbeitnehmer überlassen werden, keine Einschränkungen im Baubereich regeln.

10 Werkverkehr

In der Praxis weniger bekannt ist eine bestehende Regelung im Güterkraftverkehr, wonach der Einsatz von Leiharbeitnehmern als Fahrer beim Kundenunternehmen im Bereich des Werkverkehrs grundsätzlich verboten, beziehungsweise nur unter sehr stark eingeschränkten Voraussetzungen in Ausnahmefällen zulässig ist.

§ 1 Abs. 2 GüKG regelt den Begriff und die Voraussetzungen des sogenannten Werkverkehrs, d.h. den Bereich des nicht gewerblichen und damit erlaubnisfreien Güterkraftverkehrs, der aber nach § 15a GüKG für die Betreiber von Werkverkehr beim Bundesamt für Güterverkehr anmeldepflichtig ist.

Werkverkehr ist danach die Beförderung von Gütern mit Kraftfahrzeugen über 3,5 Tonnen zulässigem Gesamtgewicht für eigene Zwecke eines Unternehmens unter bestimmten Voraussetzungen, die in § 1 Abs. 2 Nr. 1 bis Nr. 4 GüKG konkret aufgezählt sind.

In § 1 Abs. 2 Nr. 3 GüKG befindet sich die Regelung, die die Arbeitnehmerüberlassung maßgeblich einschränkt, „Die für die Beförderung verwendeten Kraftfahrzeuge müssen vom eigenen Personal des Unternehmens geführt werden. Im Krankheitsfall ist es dem Unternehmen gestattet, sich für einen Zeitraum von bis zu vier Wochen anderer Personen zu bedienen."

Das (Kunden-) Unternehmen, das anmeldepflichtigen, aber erlaubnisfreien Werkverkehr betreibt, muss die zur Beförderung verwendeten Kraftfahrzeuge danach durch „eigenes Personal des Unternehmens", d.h. nicht durch (Fremd-) Personal eines anderen Unternehmens (wie z.B. eines Zeitarbeitsunternehmens), führen lassen.

Die Vorschrift sieht eine Ausnahmeregelung im Krankheitsfall vor, wobei das Vorliegen dieser Voraussetzung häufig nach Fahrzeugkontrollen konkret im Unternehmen, welches Güterverkehr betreibt, durch das Bundesamt für Güterverkehr überprüft bzw. kontrolliert wird. Das Bundesamt für Güterverkehr hat hierzu auch entsprechende Ermächtigungen zur Kontrolle vor Ort, zur Untersagung der Weiterfahrt, zur Einholung von Auskünften, zur Einsichtnahme in Geschäftsunterlagen sowie ggf. auch zum Betreten von Unternehmergrundstücken und –gebäuden (§§ 12, 13 GüKG).

Etwaige Verstöße gegen diese Vorschrift, d.h. Einsätze von Leiharbeitnehmern bei der Beförderung im Werkverkehr, treffen zunächst direkt das

Betreiberunternehmen, da dieses dann „unerlaubten Werkverkehr“ und damit erlaubnispflichtigen gewerblichen Güterkraftverkehr ohne Vorliegen einer Erlaubnis (§ 3 GüKG) betreibt, kann dies zu Bußgeldern von bis zu 20.000 Euro (§ 19 Abs. 1 Nr. 1b, Abs. 5 GüKG) führen.

Aber auch die Zeitarbeitsfirmen sollten im eigenen Interesse, wegen möglicher Schadensansprüche des Entleihunternehmens bei der Überlassung von Leiharbeitnehmern für Kraftfahrertätigkeiten im Bereich des Güterverkehrs genau überprüfen, ob diese Tätigkeit nach dem Güterkraftverkehrsgesetz zulässig ist.

11 Der Gleichstellungsgrundsatz

11.1 Inhalt des Gleichstellungsgrundsatzes

Der Verleiher ist nach § 9 Ziff. 2 AÜG verpflichtet, den Leiharbeitnehmer in allen Bereichen des Arbeitsverhältnisses, einschließlich des Arbeitsentgelts einem vergleichbaren Arbeitnehmer im Betrieb des Entleihers gleichzustellen, so genanntes „Equal Pay - Equal Treatment" Prinzip.

Dem Leiharbeitnehmer müssen demnach für die Zeit der Überlassung an einen Entleiher vom ersten Überlassungstag an die im Einsatzbetrieb des Entleihers geltenden wesentlichen Arbeitsbedingungen wie das Arbeitsentgelt (einschließlich der Zuschläge, Zulagen, Prämien und Sonderzahlungen), Arbeitszeiten und Ruhezeiten, bezahlter Jahresurlaub einschließlich Sonderurlaub, Urlaubsgeld etc., Nutzung sozialer und sonstiger betrieblicher Einrichtungen eines vergleichbaren Mitarbeiters des Einsatzbetriebes gewährt werden.

Ein vergleichbarer Arbeitnehmer ist derjenige, der die gleiche oder eine in wesentlichen Bereichen gleiche Arbeitsleistung erbringt wie der Leiharbeitnehmer. Maßgebend ist die auszuführende Tätigkeit; auf eine mögliche Unter- oder Überqualifizierung in der Person kommt es nicht an. Ist jedoch eine Ausbildung Grundlage der Tätigkeit, kann auf das Ausbildungsniveau abgestellt werden, mithin auch auf einen berufsqualifizierenden Abschluss.

Der Entleiher ist verpflichtet, im Arbeitnehmerüberlassungsvertrag anzugeben, welche im Betrieb des Entleihers für einen vergleichbaren Arbeitnehmer des Entleihers wesentlichen Arbeitsbedingungen einschließlich des Arbeitsentgelts gelten (§ 12 Abs. 1 Satz 3 AÜG).

Sind im Betrieb des Entleihers keine vergleichbaren Arbeitnehmer vorhanden, ist nach der Auffassung der Bundesagentur für Arbeit fiktiv zu ermitteln, welche Arbeitsbedingungen vergleichbaren Arbeitnehmern vom Entleiher gewährt werden würden, wenn er solche Arbeitnehmer beschäftigen würde.

11.2 Ausnahmen vom Gleichstellungsgrundsatz

Von dem Grundsatz Equal Pay - Equal Treatment kann nur abgewichen werden, wenn sich die Höhe des Arbeitsentgelts nach einem Tarifvertrag für Arbeitnehmerüberlassung richtet. Die abgeschlossenen Flächentarifverträge, durch die der Gleichstellungsgrundsatz prinzipiell vermieden werden kann, sind für die Zeitarbeitsunternehmen und deren Kunden in der Regel vorteilhafter.

Kundenbetriebe hätten infolge des Gleichstellungsgrundsatzes womöglich auf den Einsatz von Zeitarbeitnehmern verzichtet. Die Dienstleistung Zeitarbeit wäre zu teuer geworden und hätte erheblichen Verwaltungsaufwand erfordert. Der Auskunftsanspruch von Zeitarbeitnehmern über die vergleichbaren Arbeitsbedingungen im Einsatzbetrieb wäre in der Praxis schwer umsetzbar gewesen.

Gerade bei der Überlassung von Fachkräften ist jedoch zu beobachten, dass der Trend dahin geht, dass die Kundenunternehmen wollen, dass die Leiharbeitnehmer die gleiche Bezahlung wie die Stammmitarbeiter erhalten. Damit geht der Trend gerade bei den Facharbeitern bzw. Mitarbeitern mit Hochschulabschluss immer mehr dahin, dass es wichtiger ist, dass die Leiharbeitnehmer qualifiziert und motiviert als günstig sind. Es bleibt abzuwarten, ob immer mehr Kundenunternehmen für „ihre" Leiharbeitnehmer „Equal Pay - Equal Treatment" fordern.

Neben dem Tarifvertrag liegt eine weitere Ausnahme vom Gleichstellungsgrundsatz vor, wenn der Leiharbeitnehmer vor Abschluss des Leiharbeitsvertrages arbeitslos war, dann kann der Verleiher ihm bis zu sechs Wochen ein Nettoarbeitsentgelt zahlen, das der Höhe des Betrages entspricht, den der Leiharbeitnehmer zuletzt als Arbeitslosengeld erhalten hat oder erhalten hätte (vgl. § 3 Abs. 1 Ziff. 3 AÜG).

12 Tarifvertragsrecht

Der Abschluss von Tarifverträgen durch die Tarifvertragsparteien ist Teil der verfassungsrechtlichen Koalitionsfreiheit (Art. 9 III GG). Im Rahmen ihrer Tarifzuständigkeit und -fähigkeit bestimmen die Tarifvertragsparteien selbst, für welchen zeitlichen, räumlichen, fachlichen und persönlichen Geltungsbereich sie die Geltung des Tarifvertrages erstrecken. Welcher Regelungsgegenstand Inhalt von Tarifverträgen sein kann, wird durch das Tarifvertragsgesetz (TVG) bestimmt.

Der Tarifvertrag ist ein zwischen tariffähigen Parteien schriftlich abgeschlossener Vertrag, der hauptsächlich den Inhalt von Arbeitsverhältnissen regelt. Das Zustandekommen eines Tarifvertrages beurteilt sich nach den Vorschriften des BGB über den Vertragsschluss (§§ 145 ff. BGB). Verstöße gegen das Schriftformerfordernis des § 1 II TVG führen zur Nichtigkeit des Tarifvertrages (§ 125 BGB).

Tarifvertragsparteien sind die Gewerkschaften, einzelne Arbeitgeber sowie Vereinigungen von Arbeitgebern (§ 2 I TVG). Auch Spitzenorganisationen können Tarifverträge abschließen, wenn deren Abschluss zu ihren satzungsgemäßen Aufgaben gehört.

Um als Koalition im Sinne des TVG tariffähig zu sein, ist notwendig:

- Die Koalition muss satzungsgemäß als Aufgabe die Wahrnehmung der Interessen der Mitglieder als Tarifvertragspartei haben und willens sein, Tarifverträge abzuschließen. Sie muss freiwillig gebildet, gegnerfrei, unabhängig, überbetrieblich organisiert sein und das geltende Tarifrecht als verbindlich anerkennen.
- Die Koalition muss eine ausreichende Durchsetzungskraft gegenüber dem sozialen Gegenspieler besitzen (= soziale Mächtigkeit).

12.1 Tarifverträge Zeitarbeit

Derzeit wird die Mehrzahl der Leiharbeitnehmer über die in der Zeitarbeit geschlossenen Tarifverträge vergütet.

Flächentarifverträge vereinbart haben jeweils:

- der Arbeitgeberverband Mittelständischer Personaldienstleister e.V. (AMP) mit der Tarifgemeinschaft Christliche Gewerkschaften Zeitarbeit und PSA (CGZP),
- der Bundesverband Zeitarbeit Personal-Dienstleistungen e.V. (BZA) mit dem Deutschen Gewerkschaftsbund (DGB),

- der Interessenverband Deutscher Zeitarbeitsunternehmen e.V. (iGZ) mit dem DGB,
- Tarifgemeinschaft Zeitarbeitsunternehmen in Bundesvereinigung Deutscher Dienstleistungsunternehmen (BVD).

Die vollständigen Tarifvertragswerke sind über die Webseiten der beteiligten Verbände abrufbar (http://www.amp-info.de, http://www.bza.de, http://www.ig-zeitarbeit.de, http://www.bvddeutschland.de.).

Zeitarbeitsunternehmen, die in keinem der genannten Verbände organisiert sind, stehen zur Vermeidung von „Equal Treatment“ prinzipiell folgende drei Möglichkeiten offen:

- Das Unternehmen tritt einem der vier Verbände bei und wendet den jeweiligen Tarifvertrag im Regelfall für alle Arbeitnehmer an. In die Arbeitsverträge der nicht gewerkschaftlich organisierten Arbeitnehmer ist der Tarifvertrag dann einzelvertraglich einzubeziehen.
- Das Unternehmen bezieht einen der vier Tarifverträge in die Arbeitsverträge seiner Arbeitnehmer einzelvertraglich ein, ohne dem entsprechenden Verband beizutreten.
  Nach Ansicht von Tarifexperten ist es grundsätzlich möglich, dass in den jeweiligen Arbeitsverträgen von Leiharbeitnehmern unterschiedlicher Qualifikations- und Tätigkeitsgruppen auf verschiedene Tarifverträge Bezug genommen wird. Problematisch sei es indessen, Mitarbeiter im gleichen Tätigkeitsbereich nach unterschiedlichen Tarifverträgen zu entlohnen.
- Das Unternehmen schließt einen Haustarifvertrag mit einer Gewerkschaft ab.

In der betrieblichen Praxis überwiegend angewendet werden entweder die Tarifwerke BZA/DGB, iGZ/DGB oder die Tarifverträge AMP/CGZP.

Das Verleihunternehmen wird entsprechend seinen betrieblichen Bedürfnissen abwägen müssen, ob und ggf. welchen Tarifvertrag es anwenden will.

Alle Tarifwerke für die Zeitarbeit bestehen aus

- Manteltarifvertrag (MTV)
- Entgeltrahmentarifvertrag (ERTV)
- Entgelttarifvertrag (ETV) West/Ost

12.1.1 Manteltarifvertrag

Die Manteltarifverträge enthalten, abhängig vom jeweiligen Tarifvertrag, u.a. Regelungen zu:

- Räumlicher, fachlicher und persönlicher Geltungsbereich,

- Dauer und Verteilung der Arbeitszeit,
- Begründung / Beendigung des Arbeitsverhältnisses,
- Teilzeit- und befristete Arbeitsverhältnisse,
- Einsatzregelungen,
- Arbeitszeitkonten und deren Ausgleich,
- Definition/Abgrenzung von Überstunden, Schicht-, Nacht-, Sonntags- und Feiertagsarbeit, Arbeitsbereitschaftsdienst,
- Zuschläge für Nacht-, Sonntags- und Feiertagsarbeit,
- Entgeltfortzahlung,
- Urlaubsregelungen,
- (bezahlte) Freistellung bei bestimmten Ereignissen (Sonderurlaub),
- Entgeltvorschriften,
- Entgeltumwandlung,
- Aufwendungsersatzleistungen,
- Dauer des jährlichen Erholungsurlaubs (abhängig von der Betriebszugehörigkeit),
- Verhalten bei Arbeitsverhinderung / Meldepflichten,
- Brückentage / Betriebsruhe,
- Jahressonderzahlungen,
- Jubiläumszahlungen,
- Leistungen im Sterbefall eines Arbeitnehmers an Hinterbliebene,
- Erschwerniszulage,
- Beendigung des Arbeitsverhältnisses / Kündigungsfristen nach Probezeit,
- Ausschlussfristen,
- Anrechenbare Zeiten zur Berechnung der Dauer des ununterbrochenen Bestehens des Arbeitsverhältnisses.

12.1.2 Entgeltrahmentarifvertrag

Die einzelnen Entgeltrahmentarifverträge enthalten u.a. Regelungen zu:

- Geltungsbereich,
- Eingruppierungsgrundsätze,
- Entgeltgruppen/-merkmale,
- Eingruppierungsbeispiele,
- Entgeltstufen,
- Voraussetzungen für die Höherstufung des Leiharbeitnehmers,
- Einsatzbezogene Zulage / sog. Produktivlohn,
- Besitzstandswahrung.

12.1.3 Entgelttarifvertrag

In den jeweiligen Entgelttarifverträgen sind u.a. geregelt:

- Geltungsbereich,

- Stundensätze,
- Entgeltdifferenzierung West / Ost,
- Zuschläge,
- Erhöhungen während der Laufzeit.

12.1.4 Persönlicher Anwendungsbereich

Der persönliche Anwendungsbereich der Tarifverträge BZA/DGB und iGZ/DGB gilt jeweils für Arbeitnehmer, die von einem Verleiher an Dritte überlassen werden, also ausschließlich für Leiharbeitnehmer, das sog. Stammpersonal des Verleihunternehmens („internes Personal") ist damit nicht erfasst. Dagegen gelten die Tarifverträge AMP/CGZP persönlich für alle weiblichen und männlichen Arbeitnehmer, die nicht leitende Angestellte im Sinne des Betriebsverfassungsgesetzes sind. Personaldisponenten und Niederlassungsleiter werden als außertarifliche Angestellte definiert. Mithin kann also auch Stammpersonal außerhalb der Leitungsaufgaben erfasst werden.

12.2 Unabdingbarkeit

Unabdingbarkeit, d.h. die Parteien des Arbeitsvertrages können grundsätzlich keine vom Tarifvertrag abweichenden Bestimmungen treffen. Die Vertragsfreiheit, die sonst im Rechtsleben gilt, wird durch den Tarifvertrag in diesem Umfang eingeschränkt. Jede Vereinbarung, die dem Inhalt des Tarifvertrages zuwiderläuft, ist grundsätzlich nichtig.

In zwei Fällen ist die Unabdingbarkeit beseitigt (§ 4 III TVG):

- wenn die Tarifvertragsparteien die Abweichung vom Tarifvertrag zugelassen haben oder
- wenn in der Abweichung eine Besserstellung des Arbeitnehmers liegt.

12.3 Beendigung des Tarifvertrages

Der Tarifvertrag endet

1. sofern er befristet abgeschlossen war, mit Eintritt des betreffenden Zeitpunkts,
2. durch Vereinbarung der Tarifvertragsparteien,
3. soweit keine Befristung vorliegt, durch Kündigung einer Tarifvertragspartei.

Der Tarifvertrag endet nicht durch Austritt des Arbeitgebers aus dem Verband, der den Tarifvertrag abgeschlossen hat (§ 3 III TVG).

12.4 Nachwirkung

Entweder ist im Tarifvertrag das Ende bereits fest vereinbart oder es ist ein Termin vereinbart, zu dem der Tarifvertrag erstmals kündbar ist. Wird der jeweilige Tarifvertrag nicht gekündigt, gilt er über den Termin der erstmaligen Kündbarkeit hinaus fort. Wurde dagegen eine Kündigung erklärt, bleibt der Tarifvertrag durch die sog. Nachwirkung anwendbar, bis sich die Tarifvertragsparteien auf einen neuen Tarifvertrag geeinigt haben.

Die Nachwirkung abgelaufener Tarifverträge tritt immer dann ein, wenn ein Tarifvertrag auf Grund einer Befristung oder durch Kündigung einer der Tarifvertragsparteien abgelaufen ist und sich die Tarifvertragsparteien bis zum Ablauftermin noch nicht auf einen verlängernden oder ersetzenden Tarifvertrag geeinigt haben. Die Nachwirkung hat zur Folge, dass der abgelaufene Tarifvertrag weiter gilt, bis die Tarifvertragsparteien diesen durch eine neue Abmachung ersetzen. Dies gilt jedenfalls für die Leiharbeitsverhältnisse, die unter Einbeziehung des abgelaufenen Tarifvertrages vor dem Ablauftermin begründet werden. Bei diesen Leiharbeitsverhältnissen bleibt es für die Zeit der Nachwirkung bei der Befreiung von der Verpflichtung zur Anwendung des Gleichstellungsgrundsatzes. Die überwiegenden Gründe sprechen dafür, dass dies auch für die Leiharbeitsverhältnisse geltend muss, die erst nach dem Ablauftermin des Tarifvertrages, mithin in der Nachwirkung neu begründet werden. Denn die Weitergeltung des nachwirkenden Tarifvertrages ist in § 4 Abs. 5 TVG gesetzlich ausdrücklich bestimmt, so dass der nach §§ 3 Abs. 1 Ziff. 3; 9 Ziff. 2 AÜG geforderte „Geltungsbereich eines solchen Tarifvertrages" weiter besteht. Zum anderen erscheint es auch aus Gründen der Gleichbehandlung/-Stellung der vor und nach dem Ablauftermin eingestellten Arbeitnehmer geboten, auch für die nach dem Ablauftermin eingestellten Leiharbeitnehmer eine Befreiung von der Verpflichtung zur Anwendung des Gleichstellungsgrundsatzes zuzulassen.

Die Nachwirkung endet mit dem Abschluss und Inkrafttreten ersetzender bzw. neuer Tarifverträge. Von diesem Zeitpunkt an gelten ausschließlich diese neuen tariflichen Regelungen.

Den Tarifvertragsparteien bleibt es überlassen während der Laufzeit Änderungen im Tarifvertrag zu vereinbaren.

12.5 Tarifwechsel

Für den Verleiher kann es auf Grund sich ändernder betrieblicher Bedürfnisse von Vorteil sein, den bislang angewendeten Tarifvertrag zu wechseln.

Ist der Verleiher Mitglied eines Verbandes und damit an einen bestimmten Tarifvertrag gebunden, muss er zunächst durch Verbandsaustritt seine Taftbindung beenden. Gegenüber Leiharbeitnehmern, die Mitglied der tarifschließenden Gewerkschaft sind, bleibt der Verleiher jedoch auf die der Dauer der Laufzeit entsprechend dem Tarifvertrag verpflichtet. Erst nach Beendigung der Verbandsmitgliedschaft und der Laufzeit des Tarifvertrages kann der Verleiher mit den tarifgebundenen Arbeitnehmern vom Inhalt der Tarifverträge abweichende Regelungen treffen.

Das AÜG gibt dem nicht tarifgebundenen Verleiher bei Neueinstellungen von nicht tarifgebundenen Leiharbeitnehmern die Möglichkeit, die Anwendung der tariflichen Regelungen zu vereinbaren und aus verschiedenen Tarifwerken auswählen zu können, soweit der Verleiher unter den Geltungsbereich der Tarifverträge fällt. Damit hat der Verleiher auch die Möglichkeit bei Neueinstellungen in seinem Betrieb andere als die bislang im Betrieb des Verleihers in Bezug genommenen Tarifverträge zu vereinbaren.

12.6 Der allgemeinverbindliche Tarifvertrag

Als Mittel zur Ausdehnung der Tarifbindung auf die Außenseiter dient die Erklärung der Allgemeinverbindlichkeit des Tarifvertrages. Damit werden sämtliche Arbeitgeber und Arbeitnehmer, die unter den Geltungsbereich des Vertrages fallen, an den normativen Teil des Vertrages gebunden, auch wenn sie keiner der vertragsschließenden Parteien angehören (§ 5 TVG). Voraussetzung ist:

- Das Vorliegen eines gültigen Tarifvertrages.
- Der Tarifvertrag muss für mindestens die Hälfte aller Arbeitgeber ohnehin schon gelten, weil sie dem Arbeitgeberverband angehören.
- Die Allgemeinverbindlicherklärung muss im öffentlichen Interesse geboten erscheinen.
- Ein formeller Antrag einer Tarifvertragspartei zu der Erklärung der Allgemeinverbindlichkeit muss vorliegen.

Für das Verfahren bei der Allgemeinverbindlicherklärung ist der Bundesarbeitsminister zuständig. Er kann seine Befugnis auf die Landesarbeitsminister übertragen. Will er dem Antrag stattgeben, so ist er an die Zustimmung des Tarifausschusses gebunden, der aus je 3 Arbeitnehmer- und Arbeitgebervertretern besteht, die von den Spitzenorganisationen der Verbände ernannt sind.

Für die Beendigung der Allgemeinverbindlichkeit gibt es drei Möglichkeiten:

1. Die Allgemeinverbindlichkeit kann nach dem gleichen Verfahren, nach dem sie erklärt wird, wieder aufgehoben werden.
2. Die Allgemeinverbindlichkeit endet automatisch mit der Beendigung des Tarifvertrages.
3. Bei Änderung des Vertrages durch die Vertragsparteien wird die Allgemeinverbindlichkeit für die geänderten Bestimmungen aufgehoben.

Wirtschaftgruppen mit häufig für allgemeinverbindlich erklärten Tarifverträgen:

- Garten-, Landschaftsbau und Forstwirtschaft,
- Handwerk und Industrie bei Steine und Erden, Keramik und Glas,
- Handwerk in Holzverarbeitung,
- Nahrungs- und Genussmittelindustrie,
- Baugewerbe,
- Handel,
- Gaststätten- und Hotelgewerbe,
- Reinigung und Körperpflege,
- Verlagswesen,
- Bewachungsgewerbe.

12.7 Arbeitnehmer-Entsendegesetz

Das AEntG regelt die Fälle einer Entsendung von Arbeitnehmern ausländischer Unternehmen nach Deutschland.

Das AEntG bezweckt, dass deutsche Unternehmen der entsprechenden Branchen angesichts eines steigenden Wettbewerbsdruckes vor ausländischen Dienstleistern geschützt werden sollen.

Das AEntG zeichnet sich durch folgende Regelungen aus:

- Entsandte Arbeitnehmer unterfallen für allgemeinverbindlich erklärten Tarifverträgen hinsichtlich des Mindestlohnes, der Dauer des Urlaubes und des Urlaubsgeldes. Die ausländischen Unternehmer unterliegen dem Urlaubskassenverfahren. Ausdrücklich erfasst werden auch die Verleiher.

- Tarifliche Mindestbedingungen können auch im Wege einer Rechtsverordnung auf die nach Deutschland entsandten Arbeitnehmer erstreckt werden.
- Für ausländische Arbeitgeber gelten erweiterte Melde-, Aufzeichnungs- und Aufbewahrungspflichten ihre Arbeitnehmer in Deutschland.
- Nach der Generalunternehmerhaftung des § 1a AEntG haftet der Unternehmer, dass die für ihn tätigen Subunternehmer den Mindestlohn zahlen und die Beiträge für eine gemeinsame Einrichtung der Tarifvertragsparteien entrichten.

Bei Verstößen drohen Bußgelder bis zu 500.000 € bzw. bis zu 25.000 €.

Gemäß § 6 AEntG sind die Auftraggeber ab einer Geldbuße von 2.500 € für eine angemessenen Zeit bis zur nachgewiesenen Wiederherstellung ihrer Zuverlässigkeit von öffentlichen Aufträgen ausgeschlossen.

Nach § 8 Abs. 3 des Arbeitnehmer-Entsendegesetzes müssen Personaldienstleister zwingend ihren Mitarbeitern die Arbeitsbedingungen - also auch die Entgelte - eines allgemeinverbindlichen Tarifvertrages gewähren, wenn ihre Mitarbeiter Tätigkeiten ausführen, die in den Geltungsbereich eines allgemeinverbindlich erklärten Tarifvertrages fallen. Das BAG hat aktuell entschieden, dass die Mindestlöhne nach dem Arbeitnehmerentsendegesetz für Leiharbeitnehmer nur dann anzuwenden sind, wenn der Kundenbetrieb, in dem die Arbeitnehmer eingesetzt sind, selbst dem entsprechenden Tarifvertrag unterfällt. Es muss also der betriebliche sowie der sachliche Geltungsbereich der Tarifverträge erfüllt sein.

12.8 Mindestlohn-Tarifvertrag für die Zeitarbeit

Seit Jahren gibt es die Forderung nach einem Mindestlohn für die Zeitarbeit.

Ein entsprechender Tarifvertrag zur Regelung von Mindestarbeitsbedingungen in der Zeitarbeit wurde am 30.05.2006 zwischen den Arbeitgeberverbänden BZA und iGZ einerseits und der DGB-Tarifgemeinschaft Zeitarbeit abgeschlossen.

Das Arbeitnehmerentsendegesetz soll auf den Bereich der Arbeitnehmerüberlassung ausgedehnt werden. Daher haben die Tarifvertragsparteien im 1.Quartal 2008 ausdrücklich die Aufnahme der Zeitarbeit in das AEntG beantragt.

Bei der Neufassung des AEntG durch Gesetz vom 20.04.2009 wurde die Zeitarbeit allerdings nicht mit in das AEntG aufgenommen. Daher gibt es bisher auch noch keinen zwingenden Mindestlohn-Tarifvertrag für die Zeitarbeitsbranche.

13 Leiharbeitsvertrag - Rechtsbeziehungen zwischen Verleiher und Leiharbeitnehmer

Der Arbeitsvertrag zwischen Leiharbeitnehmer und dem Zeitarbeitsunternehmen (Verleiher) ist ein Arbeitsvertrag wie er herkömmlicherweise zwischen Arbeitnehmern und Arbeitgebern, mit allen Rechten und Pflichten abgeschlossen wird.

Der Leiharbeitnehmer steht in einem Arbeitsverhältnis zu der Zeitarbeitsfirma (Verleiher). Dieser gegenüber gelten die arbeitsvertraglichen, tarifvertraglichen und gesetzlichen Arbeitnehmerrechte. Seine Arbeitsleistung erbringt der Leiharbeitnehmer jedoch im Gegensatz zu einem „normalen" Arbeitnehmer nicht für das Zeitarbeitsunternehmen, sondern er wird von diesem einem anderen Unternehmen (Entleiher) zur Erbringung der Arbeitsleistung überlassen (entgegen dem gesetzlichen Regelfall nach § 613 Satz 2 BGB). Das Weisungsrecht wird dabei dem Entleiher übertragen. Der Leiharbeitnehmer untersteht damit den Weisungen des Entleihers bei dem er tätig ist. Weisungswidriges und pflichtwidriges Verhalten darf jedoch nur der Arbeitgeber, also die Zeitarbeitsfirma ahnden.

13.1 Nachweis der wesentlichen Vertragsbedingungen

Der Nachweis der wesentlichen Vertragsbedingungen des Leiharbeitsverhältnisses richtet sich nach § 11 Abs. 1 AÜG und den Bestimmungen des Nachweisgesetzes.

Der Verleiher ist verpflichtet, die wesentlichen Inhalte des Leiharbeitsverhältnisses in eine Niederschrift aufzunehmen. Bei der Arbeitnehmerüberlassung ins Ausland ist § 2 Abs. 2 NachwG zu beachten.

Wenn mit dem Leiharbeitnehmer ein Arbeitsvertrag abgeschlossen wird, entfällt diese Verpflichtung, soweit der Vertrag mindestens folgende Angaben enthält:

- Name und Anschrift der Vertragsparteien,
- Die Erlaubnisbehörde sowie Ort und Datum der Erteilung der Erlaubnis,
- Der Zeitpunkt des Beginns des Arbeitsverhältnisses,
- Bei befristeten Arbeitsverhältnisses die Dauer des Arbeitsverhältnisses,

- Der Arbeitsort oder, falls der Arbeitnehmer nicht nur an einem bestimmten Arbeitsort tätig sein soll, ein Hinweis darauf, dass der Arbeitnehmer an verschiedenen Orten beschäftigt werden kann,
- Eine kurze Charakterisierung oder Beschreibung der vom Arbeitnehmer zu leistenden Tätigkeit,
- Die Zusammensetzung und Höhe des Arbeitsentgelts (Entgeltgruppen der Tarifverträge) einschließlich der Zuschläge, Prämien und Sonderzahlungen sowie anderer Bestandteile des Arbeitsentgelts und deren Fälligkeit,
- Die vereinbarte Arbeitszeit,
- Die Dauer des jährlichen Erholungsurlaubs,
- Die Fristen für die Kündigung des Arbeitsverhältnisses,
- Art und Höhe der Leistungen für Zeiten, in denen der Zeitarbeitnehmer nicht verliehen ist.

§ 2 Abs. 1 Satz 1 NachwG regelt, dass spätestens einen Monat nach Beginn des Arbeitsverhältnisses die wesentlichen Vertragsbedingungen schriftlich niederzulegen sind, die Niederschrift zu unterzeichnen und dem Leiharbeitnehmer auszuhändigen sind. Zur Gewährleistung der Rechtssicherheit der Vertragsparteien wird die Aushändigung einer derartigen Niederschrift, besonders bei Befristungen vor Beginn der Beschäftigung empfohlen.

Vom Schriftformerfordernis werden sämtliche Bestandteile des Rechtsgeschäfts erfasst, also nicht nur der ursprüngliche Leiharbeitsvertrag sondern jede Änderung der Arbeitsbedingungen müssen nach § 11 Abs. 1 AÜG in Verbindung mit § 3 NachwG vom Verleiher spätestens einen Monat nach der Änderung schriftlich festgehalten werden.

Dem Verleiher sind bei der Vereinbarung von Vertragsklauseln Grenzen gesetzt. Diese ergeben sich u.a. aus dem Equal-Pay-Grundsatz, der die Zeitarbeitsunternehmen zur vollständigen Anwendung des Tarifvertrages und zur Gewährung der dort niedergelegten „wesentlichen Arbeitsbedingungen“ zwingt (vgl. § 9 Nr. 2 sowie § 10 Abs. 4 AÜG).

Jede Vertragsklausel ist also darauf zu überprüfen, ob hierin ein Verstoß gegen die in dem Tarifvertrag geregelten wesentlichen Arbeitsbedingungen liegt. Wesentliche Arbeitsbedingungen sind die Dauer der Arbeitszeit, Überstunden, Pausen, Ruhezeiten, bezahlter Urlaub, arbeitsfreie Tage sowie das Arbeitsentgelt. Hier darf das Zeitarbeitsunternehmen mehr, aber nicht weniger als die Tarifleistungen gewähren.

Wegen des Gleichbehandlungsgrundsatzes kann sich bei jeder Änderung zwischen verleih freier Zeit und erneuter Überlassung eine Änderung der Arbeitsbedingungen ergeben, die nach § 11 Abs. 1 Satz 1 AÜG in Verbindung mit § 3 NachwG vom Verleiher spätestens einen Monat nach der Änderung schriftlich mitzuteilen ist.

Den Nachweis (sowie das Merkblatt der Bundesagentur für Arbeit zum AÜG) erhält ein ausländischer Leiharbeitnehmer nur noch auf Verlangen in seiner Muttersprache (§ 11 Abs. 2 Satz 2 AÜG).

13.2 Zweckmäßige Vertragsbedingungen

Neben den wesentlichen Vertragsbedingungen können, je nach den betrieblichen Bedürfnissen des Verleihers und je nachdem, ob und welcher Tarifvertrag Anwendung findet, folgende Regelungen zweckmäßig sein:

- Anwendung / Inbezugnahme Tarifvertrag,
- Verpflichtung zur Erbringung von Schicht-/ Nacht-/Sonn- und Feiertagsarbeit,
- Verpflichtung zur Erbringung von Überstunden,
- Vereinbarung Probezeit,
- Verbot der Abtretung / Verpfändung des Vergütungsanspruches,
- Verwendung von Arbeits-/Zeitnachweisen,
- Abschlagszahlungen,
- Entgeltfortzahlung (Urlaub, Krankheit, Feiertag),
- Freiwilligkeitsvorbehalt bei Sonder-/übertariflichen Leistungen,
- Anrechnung (bzw. Anrechnungsvorbehalt) übertariflicher Leistungen auf Tariflohnerhöhungen,
- Verpflichtung zur Vorlage einer Urlaubsbescheinigung des letzten Arbeitgebers,
- Anmeldung von Urlaub,
- Benachrichtigungspflicht bei Erkrankung / Arbeitsverhinderung,
- Geheimhaltungspflicht,
- Verpflichtung zur Beachtung von Unfallverhütungsvorschriften,
- Benachrichtigungspflicht bei Ablehnung der Arbeitsleistung durch den Entleiher, Verstöße des Entleihers gegen Arbeitsschutzbestimmungen,
- Verpflichtung zur unverzüglichen Unfallmeldung,
- Schadensersatzpflicht des Leiharbeitnehmers bei Vertragsverstößen,
- Vertragsstrafen,
- Verpflichtung zur sofortigen Anzeige eines Wohnsitzwechsels,
- Einverständnis mit der Erfassung der Daten des Leiharbeitnehmers,
- Verpflichtung zur Aufbewahrung der für die Einkommenssteuererklärung erforderlichen Unterlagen,
- Rückgabe von Arbeitsschutzkleidung etc./Erstattungspflicht bei unterbleibender Rückgabe,
- Ausschlussfristen,
- Schriftformerfordernisse.

13.3 Beschäftigung von Ausländern

Ausländer ist jeder, der nicht Deutscher i.S.d. Art 116 GG ist.

Ausländische Leiharbeitnehmer können gemäß § 11 Abs. 2 Satz 2 AÜG verlangen, dass sie das Merkblatt der Bundesagentur für Arbeit und den Nachweis nach dem NachwG bzw. den schriftlichen Leiharbeitsvertrag in ihrer Muttersprache erhalten.

13.3.1 Zulässigkeitsvoraussetzungen

Der Verleiher hat die für alle Arbeitgeber geltenden Zulässigkeitsvoraussetzungen für die Beschäftigung von Ausländern unbedingt zu beachten.

Es wird darauf hingewiesen, dass aufgrund der Komplexität der Materie eine umfassende und vollständige Übersicht an dieser Stelle nicht möglich ist.

Der Verleiher muss darauf achten, dass der Ausländer Inhaber eines gültigen Passes ist und wenn nötig einen gültigen Aufenthaltstitel (§ 4 AufenthG) / Arbeitsberechtigung-EU besitzt. In jedem Fall darf der Aufenthaltstitel keine Auflage oder Bestimmung enthalten, die die Beschäftigung als Leiharbeitnehmer ausschließt. Die Erwerbstätigkeit sollte ausdrücklich gestattet sein. Wer im Besitz einer Arbeitserlaubnis-EU ist, kann zwar als Arbeitnehmer tätig werden, nicht jedoch für ein Zeitarbeitsunternehmen (vgl. §§ 39, 40 AufenthG, § 12 ArgV).

Der Verleiher sollte in jedem Fall die vom Leiharbeitnehmer vorgelegten Nachweise auf ihre Richtigkeit und insbesondere auf mögliche Einschränkungen oder Befristungen überprüfen. Bei Zweifeln sollte vor der Einstellung eine Rücksprache mit der zuständigen Ausländerbehörde erfolgen.

13.3.2 Dokumentation

Um gegenüber der Regionaldirektion bei einer möglichen Prüfung den Nachweis des Vorliegens der Zulässigkeitsvoraussetzungen für die Beschäftigung des einzelnen Ausländers als Leiharbeitnehmer führen zu können, müssen in der Personalakte eine Kopie des gültigen Passes sowie des gültigen Aufenthaltstitels vorhanden sein.

13.3.3 Rechtsfolgen bei Fehlen / Wegfall der Zulässigkeitsvoraussetzungen

Beim Fehlen bzw. Wegfall der Zulässigkeitsvoraussetzungen zur Beschäftigung eines Ausländers als Leiharbeitnehmer darf kein Arbeitsverhältnis mit diesem Ausländer geschlossen werden, anderenfalls drohen dem Verleiher straf- bzw. ordnungsrechtliche Folgen (§§ 404 ff. SGB III). Des Weiteren kann die zuständige Regionaldirektion einen Widerruf der Erlaubnis zur gewerbsmäßigen Arbeitnehmerüberlassung aussprechen.

Bei Wegfall der Zulässigkeitsvoraussetzungen während eines laufenden Leiharbeitsverhältnisses ist der Arbeitgeber (Verleiher) berechtigt, das Arbeitsverhältnis durch ordentliche Kündigung zu beenden. Bis zur Beendigung des Leiharbeitsverhältnisses hat der Verleiher dem ausländischen Leiharbeitnehmer weiterhin die Vergütung zu zahlen. Der ausländische Leiharbeitnehmer sollte jedoch in keinem Fall weiter beschäftigt bzw. überlassen werden.

13.4 Befristungen nach dem Teilzeit- und Befristungsgesetz

Für die Befristung eines Leiharbeitsvertrages finden die Vorschriften des Teilzeit- und Befristungsgesetzes Anwendung.

Das Zeitarbeitsunternehmen darf mit dem Mitarbeiter einen befristeten Arbeitsvertrag abschließen, wenn entweder in der Person des Mitarbeiters ein für die Befristung sachlicher Grund vorliegt (§ 14 Abs. 1 TzBfG) oder es sich um die einmalige Befristung im Rahmen des § 14 Abs. 2 TzBfG handelt, bei welcher die Höchstdauer der Befristung 2 Jahre betragen darf, innerhalb welcher 3 Anschlussbefristungen erfolgen dürfen. Von dieser Regelung kann durch Tarifvertrag abgewichen werden.

Befristete Einsatzmöglichkeiten beim Verleiher sind kein sachlicher Grund im Sinne des TzBfG. Im Rahmen der Sachgrundbefristung des § 14 Abs. 1 Nr. 1 TzBfG ist Arbeitnehmerüberlassung von der Eigenart der Befristung her betrachtet für sich genommen kein Befristungsgrund.

Die Liste der Sachgründe nach § 14 Abs. 1 TzBfG ist nicht abschließend. Eine Befristung ohne sachlichen Grund ist nur unter den Voraussetzungen des § 14 Abs. 2 TzBfG möglich. War ein arbeitsloser Leiharbeitnehmer bereits einmal bei einem Verleiher unbefristet oder unbefristet beschäftigt, ist eine Befristung ohne sachlichen Grund nicht mehr möglich.

Für die Verlängerung eines zulässigerweise befristeten Arbeitsvertrages reicht eine schriftliche Zusatzvereinbarung, die vollinhaltlich auf den ursprünglichen Arbeitsvertrag Bezug nimmt und von beiden Arbeitsvertragsparteien unterzeichnet wird.

13.5 Einzelvertragliche Vereinbarung bei Beschäftigung nach Tarifvertrag

Das Zeitarbeitsunternehmen vereinbart in der Regel mit dem Mitarbeiter einzelvertraglich die Beschäftigung nach einem Tarifvertrag der Arbeitnehmerüberlassung. In diesem Falle ist der Tarifvertrag grundsätzlich vollständig und umfassend anzuwenden.

Bei der Inbezugnahme im Arbeitsvertrag sollte es sich um eine sog. Dynamische Inbezugnahme handeln, denn in diesem Fall werden die Änderungen im Tarifvertrag automatisch Inhalt des Leiharbeitsverhältnisses.

Dem Arbeitnehmer können alternativ auch die Arbeits- und Entgeltbedingungen eines vergleichbaren Arbeitnehmers im Einsatzbetrieb gewährt werden (Gleichstellungsgrundsatz). Für den Fall des Nichteinsatzes müssen dann im Arbeitsvertrag Zusatzvereinbarungen getroffen werden (§ 3 Abs. 1 AÜG).

13.6 Auskunftsanspruch des Leiharbeitnehmers

Um Leiharbeitnehmern die Überprüfung ihrer Vertragsbedingungen im Falle der Anwendung des Gleichstellungsgrundsatzes zu ermöglichen, gewährt § 13 AÜG dem Leiharbeitnehmer im Falle des Einsatzes einen Auskunftsanspruch gegenüber dem Einsatzbetrieb über die wesentlichen Arbeitsbedingungen einschließlich des Arbeitsentgeltes vergleichbarer Arbeitnehmer des Einsatzbetriebes.

13.7 Arbeitszeitregelungen

13.7.1 Arbeitszeit

Die Dauer der Arbeitszeit ist auch im Hinblick auf Garantielohnansprüche konkret im Leiharbeitsvertrag anzugeben. Für die festgelegte Arbeitszeit muss eine gleichmäßige wöchentliche oder monatliche Entlohnung erfolgen.

Die Lage und Verteilung der Arbeitszeit richtet sich nach den Arbeitszeitregelungen im Kundenunternehmen. Die Tarifverträge der DGB Gewerkschaften mit dem Interessenverband Deutscher Zeitarbeitsunternehmen (IGZ) und dem Bundesverband Zeitarbeit Personal-Dienstleistungen (BZA) sehen eine Wochenarbeitszeit von 35 Stunden vor. Die entspricht einer individuellen regelmäßigen monatlichen Arbeitszeit von 151,67 Stunden. Dabei handelt es sich um ein verstetigtes Einkommen, d.h. unabhängig wie viel der Leiharbeitnehmer tatsächlich im Entleihbetrieb arbeitet, müssen ihm immer die im Arbeitsvertrag vereinbarten Stunden vergütet werden. Der Vergütungsanspruch des Leiharbeitnehmers bei Annahmeverzug des Verleihers darf nicht aufgehoben oder beschränkt werden (§ 11 Abs. 4 Satz 2 AÜG).

13.7.2 Teilzeitarbeit

Die Vereinbarung von Teilzeitarbeitsverhältnissen ist auch in der Arbeitnehmerüberlassung zulässig.

Bei der Teilzeitarbeit ist im Arbeitsvertrag die tägliche bzw. wöchentliche bestimmte Arbeitszeit festzulegen. Eine untere Grenze für die vereinbarte Arbeitszeit besteht nicht.

Allerdings darf die „regelmäßige Arbeitszeit" die „vereinbarte Arbeitszeit" nicht wesentlich überschreiten: Liegt die „regelmäßige Arbeitszeit" dauerhaft um mehr als 25% über der vertraglich „vereinbarten Arbeitszeit", so hält die Rechtsprechung die zunächst vereinbarte Arbeitszeit für unwirksam und der Arbeitsvertrag muss an die bisher geleistete tatsächliche Arbeitszeit angepasst werden. Auch die Regionaldirektionen halten ein ständiges Überschreiten (mehr als drei Monate) der 25%-Grenze, häufig sogar einer Grenze von 15%, für unzulässig und verlangen Vertragsanpassungen an die höhere Arbeitszeit.

Auch durch die Vereinbarung einer Teilzeitbeschäftigung darf nicht der Grundsatz, dass der Verleiher als Arbeitgeber das Risiko einer Nichtbeschäftigung zu tragen hat (§ 11 Abs. 4 Satz 2 AÜG), umgangen werden.

13.7.3 Arbeit auf Abruf

Nach § 12 Abs. 1 Satz 1 TzBfG ist es zulässig, wenn Arbeitgeber und Arbeitnehmer vereinbaren, dass der Arbeitnehmer seine Arbeitsleistung entsprechend dem Arbeitsanfall zu erbringen hat.

Die Vereinbarung von Arbeit auf Abruf kann auch in einem Leiharbeitsvertrag wirksam sowohl bei Vollzeitbeschäftigten als auch bei Teilzeitbeschäftigten vereinbart werden, wenn die Voraussetzungen des § 12 TzBfG beachtet werden und die vom Arbeitgeber einseitig abrufbare Arbeit des Arbeitnehmers nicht mehr als 25 % der vereinbarten wöchentlichen Mindestarbeitszeit beträgt. Anderenfalls würde ein Teil des vom Arbeitgeber zu tragenden Wirtschaftsrisikos unzulässig auf den Arbeitnehmer verlagert.

Bei der Vereinbarung von Arbeit auf Abruf (auch im Rahmen von Arbeitszeitkonten) ist eine Arbeitszeitankündigung von mindestens vier Tagen im Voraus (§ 12 Abs. 2 TzBfG) zu beachten, anderenfalls ist der Arbeitnehmer nicht zur Arbeitsleistung verpflichtet. Im Arbeitsvertrag muss eine bestimmte Dauer der Arbeitszeit festgelegt werden. Wird eine bestimmte Dauer der Arbeitszeit nicht festgelegt, so gilt eine wöchentliche Arbeitszeit von 10 Stunden als vereinbart. Fehlt es an einer festgelegten täglichen Arbeitszeit ist der Arbeitgeber verpflichtet, den Arbeitnehmer jeweils für mindestens drei aufeinanderfolgende Stunden zur Arbeitsleistung in Anspruch zu nehmen (§ 12 Abs. 1 TzBfG).

13.7.4 Arbeitszeitkonten

Für die Zeitarbeitsunternehmen ist das Arbeitszeitkonto ein wichtiges Element, um Leiharbeitnehmer entsprechend dem anfallenden Arbeitspensum im Entleihbetrieb nach Bedarf einsetzen zu können. Damit dient das Arbeitszeitkonto vor allem auch der Beschäftigungssicherung. Wird im Kundenunternehmen z.B. in einer Woche anstatt 35 Stunden 38 Stunden gearbeitet, so hat der Leiharbeitnehmer auch 38 Stunden zu arbeiten.

Alle Stunden, die über die individuelle regelmäßige wöchentliche Arbeitszeit von 35 Stunden hinaus gearbeitet werden, werden als Plusstunden dem Arbeitszeitkonto gutgeschrieben. Anfallende Überstundenzuschläge werden in dem Monat ausgezahlt in dem sie entstanden sind.

Minusstunden werden vom Arbeitszeitkonto abgezogen, wenn der Arbeitnehmer weniger als die arbeitsvertragliche individuelle regelmäßige monatliche Arbeitszeit gearbeitet hat.

Der Abbau des Arbeitszeitkontos erfolgt in der Regel durch Freizeitausgleich und muss zwischen dem Leiharbeitnehmer und dem Arbeitgeber vereinbart werden.

Beim Ausscheiden des Leiharbeitnehmers wird ein positives Arbeitszeitguthaben ausgezahlt.

13.8 Vergütung in verleih freien Zeiten

Das Recht des Leiharbeitnehmers auf Vergütung bei Annahmeverzug (verleih freie Zeiten) des Verleihers (§ 615 Satz 1 BGB) kann nicht durch Vertrag aufgehoben oder beschränkt werden (§ 11 Abs. 4 Satz 2 AÜG). D.h. für Tage, an denen kein Einsatz in einem Kundenunternehmen erfolgt, muss das Verleihunternehmen dem Leiharbeitnehmer den regelmäßigen täglichen Arbeitslohn zahlen. Es sollten alle arbeitgeberseitigen Maßnahmen, die als Umgehung des Verbots des Ausschlusses des arbeitgeberseitigen Annahmeverzugs angesehen werden könnten, vermieden werden.

Von diesem Grundsatz wird mit dem Gesetz zur Sicherung von Beschäftigung und Stabilität in Deutschland vom 02.03.2009 – zeitlich befristet bis zum 31.12.2010- jedoch eine Ausnahme zugelassen, wenn mit dem Leiharbeitnehmer Kurzarbeit vereinbart wird und der Leiharbeitnehmer Kurzarbeitergeld erhält. Für diese Zeiten kann dann der Vergütungsanspruch bei Annahmeverzug des Verleihers aufgehoben werden (§ 11 Abs. 4 Satz 3 AÜG). Allerdings muss dies zusätzlich zur Vereinbarung von Kurzarbeit vereinbart werden.

Unabhängig von dieser Ausnahme tritt im Leiharbeitsverhältnis Annahmeverzug ein (§ 615 BGB), wenn der Verleiher dem Leiharbeitnehmer nach beendetem Arbeitseinsatz keine neue Arbeit zuweist (§ 11 Abs. 4 AÜG). Etwas anderes gilt nur dann, wenn der Arbeitgeber (Verleiher) Arbeit hat und diese zuweisen will, der Leiharbeitnehmer aber nicht erreichbar ist.

Die Höhe des Vergütungsanspruches berechnet sich grundsätzlich nach dem Lohnausfallprinzip. Der Zweck des § 11 Abs. 4 AÜG besteht darin sicherzustellen, dass der Verleiher das Beschäftigungsrisiko nicht auf den Leiharbeitnehmer abwälzt. Es ist aber zulässig, dass die Höhe des Arbeitsentgelts in verleih freien Zeiten bei Anwendung des Gleichstellungsgrundsatzes bzw. durch Tarifverträge niedriger als in Zeiten der Überlassung festgelegt wird. Art und Höhe der Leistung für Zeiten, in denen der Arbeitnehmer nicht verliehen ist, sind im Arbeitsvertrag zu vereinbaren.

13.9 Unbezahlte Freistellung

Bei einer unbezahlten Freistellung (unbezahlter Urlaub) handelt es sich um einen Zeitraum, in dem der Arbeitnehmer eigentlich zur Erbringung seiner Arbeitsleistung verpflichtet wäre, zwischen Arbeitgeber und Arbeitnehmer jedoch vereinbart wurde, dass der Arbeitnehmer seine Arbeitsleistung nicht zu erbringen hat und infolgedessen auch keine Vergütung für die Zeiten erhält. In der Arbeitnehmerüberlassung ist die Vereinbarung einer unbezahlten Freistellung problematisch, da durch eine solche Vereinbarung das Beschäftigungsrisiko in unzulässiger Weise auf den Leiharbeitnehmer verlagert werden kann. Daher sind Vereinbarungen über unbezahlte Freistellung dann ausgeschlossen, wenn diese Zeiten eigentlich vom Verleiher vergütet werden müssten, weil dieser z.B. keinen neuen Einsatz für den Leiharbeitnehmer hat.

Bei der Vereinbarung einer unbezahlten Freistellung sollte daher darauf geachtet werden, dass diese durch einen Antrag des Leiharbeitnehmers auf dessen ausdrücklichen Wunsch erfolgt. Dieser Antrag sollte dem Verleiher schriftlich vor Beginn der unbezahlten Freistellung vorliegen und der Antrag muss einen objektiv nachvollziehbaren Grund für die unbezahlte Freistellung enthalten. Dieser Grund sollte auf dem vom Leiharbeitnehmer und Verleiher unterzeichneten Antrag handschriftlich durch den Leiharbeitnehmer angegeben werden. Insbesondere bei einer Überprüfung durch die Regionaldirektion müssen alle Zeiträume die nicht vergütet worden sind, nachvollziehbar dokumentiert sein, anderenfalls müssen diese Zeiten vergütet werden.

13.10 Unbezahlte Fehltage

Die unbezahlten Fehltage sind von der unbezahlten Freistellung zu unterscheiden. Unbezahlte Fehltage liegen vor, wenn der Leiharbeitnehmer trotz bestehender Arbeitspflicht seine Arbeitsleistung nicht erbracht hat. Diese Zeiten müssen vom Verleiher nicht vergütet werden. Aber auch diese Zeiten sollten schriftlich mit Angabe des Grundes und wenn möglich Unterzeichnung des Leiharbeitnehmers durch den Verleiher dokumentiert und ggf. abgemahnt werden. Anderenfalls besteht die Gefahr, dass diese Tage ebenfalls zu vergüten sind.

13.11 Weisungsrecht

Der Arbeitnehmer tritt in keine arbeitsvertraglichen Beziehungen zum Einsatzbetrieb, erhält von diesem aber auch keine Vergütung und keine sonstigen Leistungen, ist jedoch für die Zeit während des Einsatzes der Aufsicht und den Weisungen des Einsatzbetriebs unterworfen.

13.12 Meldepflicht

Gemäß § 11 Abs. 4 S. 2 AÜG kann das Recht des Leiharbeitnehmers auf Vergütung bei Annahmeverzug des Verleihers (§ 615 Satz 1 des Bürgerlichen Gesetzbuchs) nicht durch Vertrag aufgehoben oder beschränkt werden; § 615 Satz 2 des Bürgerlichen Gesetzbuchs bleibt unberührt. Demnach darf ein Verstoß gegen eine arbeitsvertraglich vereinbarte mehrmalige tägliche Meldepflicht (als arbeitsvertragliche Nebenpflicht) zwar abgemahnt werden, allerdings müssen diese Tage trotzdem vergütet werden.

13.13 Wettbewerbsverbot

Der Verleiher darf dem Leiharbeitnehmer nicht untersagen, nach Beendigung des Zeitarbeitsverhältnisses ein Arbeitsverhältnis mit dem Entleiher einzugehen. Entsprechende Vereinbarungen sowie ähnliche Vereinbarungen zwischen Entleiher und Verleiher sind grundsätzlich unwirksam (§ 9 Nr. 4 AÜG).

Die Vereinbarung eines nachträglichen Wettbewerbsverbots ist hingegen möglich. Allerdings stellt die bloße Tätigkeit des ehemaligen Leiharbeitnehmers bei einem potentiellen Entleiher keinen Wettbewerb dar. Ein Wettbewerb zum Verleiher kommt nur in Betracht, wenn der ehemalige Leiharbeitnehmer später selbst als Verleiher tätig werden will. Dies kann zulässigerweise durch ein nachvertragliches Wettbewerbsverbot verhindert werden.

13.14 Aufwendungsersatz

Grundsätzlich ist der Verleiher als Arbeitgeber dem Leiharbeitnehmer zum Ersatz von Aufwendungen verpflichtet (§ 670 BGB). Nach § 670 BGB ist der Verleiher zum Ersatz verpflichtet, wenn der Leiharbeitnehmer zum Zwecke der Ausführung des Auftrags Aufwendungen macht, die er den Umständen nach für erforderlich halten darf. Diese Voraussetzungen liegen insbesondere dann vor, wenn der Leiharbeitnehmer eine auswärtige Arbeitsleistung erbringt und ihm hierdurch Mehrkosten wie Fahrt- und Übernachtungskosten entstehen. Der genaue Umfang muss für jeden Einzelfall bestimmt werden. Denn der Leiharbeitnehmer ist grundsätzlich dazu verpflichtet, den vertraglich geschuldeten Arbeitsort zu erreichen. Dies ist in der Regel der Ort, an dem der Arbeitgeber (Verleiher) seinen Sitz bzw. Betrieb hat. Daher schuldet der Verleiher in der Regel dann keinen Aufwendungsersatz, wenn sich der Entleihbetrieb im Ort des Sitzes bzw. Betriebs des Verleihers befindet oder aber der Leiharbeitnehmer bis zum Entleiherbetrieb keine weitere Wegstrecke zurücklegen muss, als dies zum Erreichen des Verleihbetriebes erforderlich wäre.

13.15 Ausschlussfristen

Alle Tarifverträge für die Zeitarbeit enthalten Ausschlussfristen, wonach Ansprüche aus dem Arbeitsverhältnis innerhalb eines bestimmten Zeitraums gegenüber der anderen Vertragspartei geltend gemacht werden müssen. Es gibt ein- und zweistufige Ausschlussfristen. Ansprüche, die nicht innerhalb dieser Fristen geltend gemacht werden, sind ausgeschlossen. Ausschlussfristen betreffen nicht die Entstehung und den Inhalt von Rechten, sondern ihren zeitlichen Bestand. Vorbehaltlich einer abweichenden Regelung im Tarifvertrag gelten tarifliche Ausschlussfristen für alle mit oder nach Inkrafttreten des Tarifvertrages fällig werdenden Ansprüchen.

13.16 Kündigung des Leiharbeitsvertrag

Grundsätzlich kann das Leiharbeitsverhältnis wie jedes andere Arbeitsverhältnis durch Zeitablauf, durch einen Aufhebungsvertrag, Kündigung oder Tod des Leiharbeitnehmers beendet werden.

Die Tarifverträge zur Zeitarbeit enthalten Regelungen, dass das Arbeitsverhältnis als nicht zustande gekommen gilt, wenn der Leiharbeitnehmer am ersten Arbeitstag unentschuldigt nicht erscheint. Sind diese Voraussetzungen gegeben, muss der Verleiher nicht noch zusätzlich eine Kündigung aussprechen.

Bei einer Kündigung des Arbeitsverhältnisses durch den Verleiher ist zu beachten, dass der Verleiher den Leiharbeitnehmer nicht betriebsbedingt kündigen kann, wenn dieser nur vorübergehend keinen Einsatz hat. Das BAG hat insoweit entschieden, dass es für dringende betriebliche Erfordernisse nicht ausreicht, wenn der Verleiher im Kündigungsschutzprozess lediglich vorträgt, der bisherige Auftrag, in dessen Rahmen der Leiharbeitnehmer eingesetzt worden sei, sei beendet und es lägen keine Anschlussaufträge vor. Vielmehr ist es erforderlich, dass der Verleiher einen dauerhaften Rückgang des Beschäftigungsvolumens im Kündigungsschutzprozess nachvollziehbar darstellt. Das Vorliegen von möglicherweise nur kurzfristigen Auftragsschwankungen – was wiederum zeitarbeitstypisch sein könne – muss auszuschließen sein.

14 Merkblatt Leiharbeitnehmer

Der Verleiher muss jedem Leiharbeitnehmer das von der Bundesagentur für Arbeit herausgegebene Merkblatt auf dem aktuellsten Stand aushändigen und bei einer Prüfung durch die zuständige Regionaldirektion in der Lage sein die Aushändigung des Merkblatts nachzuweisen.

Bundesagentur für Arbeit
Zentrale Mai 2009

Merkblatt
für Leiharbeitnehmer

Leiharbeitnehmer im Sinne des „Gesetzes zur Regelung der gewerbsmäßigen Arbeitnehmerüberlassung" (AÜG) vom 7. August 1972 – BGBl. I S. 1393 – ist ein Arbeitnehmer, der zu einem Verleiher in einem Arbeitsverhältnis steht und Dritten (Entleihern) gewerbsmäßig zur Arbeitsleistung überlassen wird.

Wenn Sie nicht deutscher Staatsangehöriger sind, hat der Verleiher Ihnen dieses Merkblatt und den Nachweis über die wesentlichen Arbeitsbedingungen (s. Ziff. 2) auf Verlangen in Ihrer Muttersprache auszuhändigen.

A. Arbeitsverhältnis

1. Grundlage der erlaubten Tätigkeit eines Leiharbeitnehmers ist der Abschluss eines Arbeitsvertrages mit einem Verleiher, der eine **Erlaubnis** der Regionaldirektion der Bundesagentur für Arbeit zur gewerbsmäßigen Überlassung von Arbeitnehmern hat.
Fehlt die Erlaubnis und greifen Ausnahmen von der Erlaubnispflicht nicht ein, ist der Arbeitsvertrag zwischen Ihnen und dem Verleiher unwirksam. In diesem Falle kommt ein Arbeitsverhältnis zwischen Ihnen und dem Entleiher zustande, und zwar zu dem zwischen Verleiher und Entleiher vorgesehenen Zeitpunkt.
Lag zwar ursprünglich eine Erlaubnis vor und entfällt diese im Verlaufe der vertraglichen Beziehung, hat der Verleiher Sie unverzüglich über den Zeitpunkt des Wegfalls der Erlaubnis zu unterrichten und Sie auf das voraussichtliche Ende der Abwicklung hinzuweisen. Die Abwicklungsfrist beträgt höchstens 12 Monate.

2. Der **Nachweis der wesentlichen Vertragsbedingungen** des Leiharbeitsverhältnisses richtet sich nach § 11 Abs. 1 AÜG und den Bestimmungen des Nachweisgesetzes (NachwG).

Der Verleiher ist verpflichtet, die wesentlichen Inhalte des Leiharbeitsverhältnisses in eine Niederschrift aufzunehmen. Wenn Ihnen ein schriftlicher Arbeitsvertrag ausgehändigt worden ist, entfällt die Verpflichtung, soweit der Vertrag mindestens folgende Angaben enthält:

- Name und Anschrift der Vertragsparteien,
- der Zeitpunkt des Beginns des Arbeitsverhältnisses,
- bei befristeten Arbeitsverhältnissen die vorhersehbare Dauer des Arbeitsverhältnisses,
- der Arbeitsort oder, falls der Arbeitnehmer nicht nur an einem bestimmten Arbeitsort tätig sein soll, ein Hinweis darauf, dass der Arbeitnehmer an verschiedenen Orten beschäftigt werden kann,
- eine kurze Charakterisierung oder Beschreibung der vom Arbeitnehmer zu leistenden Tätigkeit,
- die Zusammensetzung und Höhe des Arbeitsentgelts einschließlich der Zuschläge, der Zulagen, Prämien und Sonderzahlungen sowie anderer Bestandteile des Arbeitsentgelts und deren Fälligkeit,
- die vereinbarte Arbeitszeit,
- die Dauer des jährlichen Erholungsurlaubs,
- die Fristen für die Kündigung des Arbeitsverhältnisses,
- ein in allgemeiner Form gehaltener Hinweis auf die Tarifverträge, Betriebs- oder Dienstvereinbarungen, die auf das Arbeitsverhältnis anzuwenden sind,
- Firma und Anschrift des Verleihers, die Erlaubnisbehörde sowie Ort und Datum der Erteilung der Erlaubnis nach § 1 AÜG,
- Art und Höhe der Leistungen für Zeiten, in denen der Leiharbeitnehmer nicht verliehen ist.

§ 2 Abs. 1 Satz 1 NachwG regelt, dass spätestens einen Monat nach Beginn des Arbeitsverhältnisses die wesentlichen Vertragsbedingungen schriftlich niederzulegen sind, die Niederschrift zu unterzeichnen und Ihnen als Leiharbeitnehmer auszuhändigen ist.
Zur Gewährleistung der Rechtssicherheit der Vertragsparteien wird die Aushändigung einer derartigen Niederschrift, besonders bei Befristungen, immer vor Beginn der Beschäftigung empfohlen.

3. Grundsätzlich haben Sie Anspruch auf **Ersatz von Aufwendungen (z. B. Fahrt- und Übernachtungskosten) bei auswärtigem Einsatz (§ 670 BGB) Tarifvertraglich oder einzelvertraglich können abweichende Regelungen getroffen werden.** Ob und ggf. in welchem Umfang diese Aufwendungen auch steuerfrei ersetzt werden können, ist von den im jeweiligen Einzelfall zu beachtenden steuerlichen Regelungen abhängig.

4. Die Beteiligungsrechte der **Arbeitnehmervertretungen** (Betriebsräte, Personalräte) nach dem Betriebsverfassungsgesetz bzw. Bundespersonalvertretungsgesetz sind auch von den Verleihbetrieben und deren Beschäftigten zu beachten.

5. Der Verleiher darf Ihnen nicht untersagen, **nach Beendigung Ihres Leiharbeitsverhältnisses** ein Arbeitsverhältnis mit dem Entleiher einzugehen. Entsprechende Vereinbarungen zwischen Entleiher und Verleiher sind grundsätzlich unwirksam.

AÜG 1 - 05/2009

6. Der Verleiher hat Ihnen das vereinbarte **Arbeitsentgelt** auch dann zu zahlen, wenn er Sie nicht bei einem Entleiher beschäftigen kann. Ihr Recht auf Vergütung kann – längstens bis 31.12.2010 – durch Vereinbarung von Kurzarbeit aufgehoben werden, wenn Ihnen Kurzarbeitergeld nach dem Sozialgesetzbuch (SGB) III gezahlt wird.

7. Sie sind nicht verpflichtet, bei einem Entleiher tätig zu werden, soweit dieser durch einen Arbeitskampf unmittelbar betroffen ist. Bei einem solchen **Arbeitskampf** muss der Verleiher Sie auf Ihr Leistungsverweigerungsrecht hinweisen.

B. Gleichstellungsgrundsatz und Ausnahmen

1. Für die Zeit der Überlassung haben Sie grundsätzlich Anspruch, hinsichtlich der Gewährung der wesentlichen Arbeitsbedingungen einschließlich des Arbeitsentgelts einem vergleichbaren Arbeitnehmer im Betrieb des Entleihers gleichgestellt zu werden (§ 3 Abs. 1 Nr. 3 und § 9 Nr. 2 AÜG). Andere Vereinbarungen sind unwirksam.

2. Von diesem Gleichstellungsgrundsatz darf nur in folgenden Fällen abgewichen werden:

- Für Ihr Leiharbeitsverhältnis gilt ein Tarifvertrag, der die wesentlichen Arbeitsbedingungen wie Arbeitsentgelt, Arbeitszeit, Urlaub regelt. Ein solcher Tarifvertrag ist zum einen anwendbar, wenn Sie Mitglied der Gewerkschaft sind und Ihr Arbeitgeber Mitglied des Arbeitgeberverbandes ist, die den Tarifvertrag geschlossen haben. Zum anderen kann im Arbeitsvertrag zwischen Ihnen und Ihrem Arbeitgeber (Verleiher) die Anwendung eines bestimmten Tarifvertrages vereinbart werden.

- Wenn Sie vor Abschluss des Leiharbeitsvertrages arbeitslos waren, kann Ihnen der Verleiher bis zu sechs Wochen ein Nettoarbeitsentgelt zahlen, das der Höhe des Betrages entspricht, den Sie zuletzt als Arbeitslosengeld erhalten haben oder erhalten hätten.

C. Sozialversicherung

Dem Verleiher als Ihrem Arbeitgeber obliegt, wie jedem anderen Arbeitgeber auch, die Abführung der Beiträge zu allen Zweigen der Sozialversicherung. Kommt er dieser Verpflichtung nicht nach, so haftet dafür der Entleiher, soweit ihm Arbeitnehmer gegen Vergütung zur Arbeitsleistung überlassen worden sind (§ 28 e Abs. 2 Sozialgesetzbuch – SGB – IV).

D. Arbeitsschutz und Unfallverhütung

Ihre Tätigkeit bei dem Entleiher unterliegt den für den Betrieb des Entleihers geltenden öffentlich-rechtlichen Vorschriften des Arbeitsschutzrechts. Für die Einhaltung dieser Vorschriften sind Verleiher und Entleiher verantwortlich. Der Entleiher hat auch die im Rahmen der gesetzlichen Unfallverhütung notwendigen Unfallverhütungsmaßnahmen zu treffen. Sie sind verpflichtet, die entsprechenden Vorschriften zu befolgen.
Der Entleiher hat Sie ferner, insbesondere vor Beginn der Beschäftigung und bei Veränderungen in seinem Arbeitsbereich, über Gefahren für Sicherheit und Gesundheit, denen Sie bei der Arbeit ausgesetzt sein können, sowie über die Maßnahmen und Einrichtungen zur Abwendung dieser Gefahren zu unterrichten. Der Entleiher hat Sie zusätzlich über die Notwendigkeit besonderer Qualifikationen oder beruflicher Fähigkeiten oder einer besonderen ärztlichen Überwachung sowie über erhöhte besondere Gefahren des Arbeitsplatzes zu unterrichten.

E. Frühzeitige Arbeitsuchendmeldung gemäß § 38 Abs. 1 Sozialgesetzbuch (SGB) III

Wenn Ihr Arbeitsverhältnis beim Verleiher durch Kündigung oder Ablauf der Befristung endet, sind Sie verpflichtet, sich nach Kenntnis des Beendigungszeitpunktes persönlich bei der Agentur für Arbeit arbeitsuchend zu melden. Zur Wahrung der gesetzlichen Meldefrist kann auch eine telefonische Anzeige unter Angabe der persönlichen Daten und des Beendigungszeitpunktes ausreichend sein, wenn die persönliche Meldung nach terminlicher Vereinbarung nachgeholt wird.

Bei verspäteter Arbeitsuchendmeldung tritt eine Sperrzeit von einer Woche ein (§ 144 Abs. 1 Nr. 7 u. Abs. 6 Sozialgesetzbuch - SGB III).

F. Zuständigkeitsfragen

Zur Entscheidung von Streitigkeiten aus dem Leiharbeitsverhältnis zwischen Ihnen und dem Verleiher sind die Arbeitsgerichte zuständig. Nähere Auskünfte in diesem Bereich erteilen Arbeitnehmer- und Arbeitgeberverbände, Rechtsanwälte sowie die für die Überwachung der Verleiher zuständigen Regionaldirektionen der Bundesagentur für Arbeit

Bei Zweifeln, ob der Verleiher die erforderliche Erlaubnis der Bundesagentur für Arbeit besitzt, können Sie sich an die zuständige Regionaldirektion wenden.

Die Informationen über die Arbeitnehmerüberlassung erhalten Sie unter folgender Internetadresse:

www.arbeitsagentur.de > Unternehmen > Rechtsgrundlagen > Arbeitnehmerüberlassung

15 Einsatzmeldung

Der Leiharbeitnehmer hat Anspruch auf eine Einsatzmeldung mit den wesentlichen Inhalten seines Einsatzes im Kundenbetrieb.

Zweckmäßige Informationen in der Einsatzmeldung:

- Einsatzort (Kunde mit Anschrift, Telefon),
- Ansprechpartner im Kundenunternehmen,
- Datum und Uhrzeit des Einsatzbeginn,
- Wegbeschreibung,
- Tätigkeits- und Aufgabenbeschreibung,
- Angabe der Unterweisungen / Sicherheitsbelehrungen beim Verleiher und Entleiher,
- Auftragsdauer, Arbeitszeit,
- Erforderliche Sicherheitsausrüstung,
- Angabe der erforderlichen arbeitsmedizinischen Vorsorgeuntersuchungen und von wem (Verleiher oder Entleiher) sie durchgeführt werden,
- Gewährung von Fahrgeld, Verpflegungsmehraufwand,
- Sonstige zweckmäßige Angaben für den Einsatz: mitzubringende Gegenstände, Schriftstücke, wie Führerschein, Aufenthaltstitel, Facharbeiterbrief oder Ausweis zur Erstellung einer Passierberechtigung,
- Bestätigung durch Unterschrift.

16 Arbeitnehmerüberlassungsvertrag - Rechtsbeziehungen zwischen Ver-/Entleiher

Die Rechte und Pflichten zwischen Entleiher und Verleiher bestimmen sich im Wesentlichen nach dem AÜG, dem BGB und dem zwischen Verleiher und Entleiher geschlossenen Vertrag auf Überlassung eines Leiharbeitnehmers (Arbeitnehmerüberlassungsvertrag).

Die Hauptpflicht des Verleihers liegt in der Überlassung eines für die im Arbeitnehmerüberlassungsvertrag vereinbarte Tätigkeit hinreichend qualifizierten Leiharbeitnehmer zu dem vereinbarten Zeitpunkt und an dem bestimmten Ort. Der Verleiher schuldet weder einen Erfolg noch haftet er für die Qualität der durch den Leiharbeitnehmer erstellten Arbeiten.

Die Hauptpflichten des Entleihers bestehen in der Pflicht zur Zahlung des vereinbarten Überlassungsentgeltes (Verrechnungssatz) und der Annahme der vom Leiharbeitnehmer geschuldeten Arbeitsleistung.

16.1 Schriftformerfordernis

16.1.1 Arbeitnehmerüberlassungsvertrag

Gemäß § 12 AÜG bedarf der zwischen dem Verleiher und Entleiher geschlossene Arbeitnehmerüberlassungsvertrag zwingend der Schriftform und muss von beiden Vertragsparteien vor Arbeitsaufnahme eines Leiharbeitnehmers handschriftlich unterschrieben sein, § 126 BGB. Wird die nach § 12 AÜG geforderte Schriftform nicht eingehalten, ist der Vertrag gem. § 125 BGB nichtig.

Der in der Praxis übliche Austausch von Angebot und Annahme oder der Austausch der Vertragsurkunden per Telefax oder ein einseitiges Bestätigungsschreiben (sog. kaufmännische Bestätigungsschreiben) ist nicht ausreichend um dem gesetzlichen Schriftformerfordernis zu genügen.

Neben dem eigentlichen Arbeitnehmerüberlassungsvertrag bedürfen auch alle Änderungs- und Verlängerungsvereinbarungen der Schriftform.

Nicht nur für das Zeitarbeitsunternehmen, das seinen Honoraranspruch sichern muss, sondern auch für den Kunden besitzt die Einhaltung der Schriftform große Bedeutung. Denn anderenfalls kann eine Haftung des Zeitarbeitsunternehmens für das Fehlen der vereinbarten Qualifikation des Arbeitnehmers entfallen.

Für den Fall, dass die Arbeitnehmerüberlassung bereits durchgeführt wurde, steht dem Verleiher ein Anspruch gegen den Kunden aus §§ 812 ff. BGB auf Herausgabe der ungerechtfertigten Bereicherung zu. Der Umfang dieses Anspruchs bezieht auch die Überlassungsvergütung (den sog. Verkehrswert der Arbeitnehmerüberlassung) mit ein. Das Zeitarbeitsunternehmen trägt jedoch die Beweislast für die Marktüblichkeit der verlangten Preise.

16.1.2 Rahmenverträge

Bei Rahmenverträgen in denen sich die Parteien nur allgemein über die Überlassung von Arbeitnehmern bestimmter Berufsgruppen für bestimmte Tätigkeiten zu einem fest vereinbarten Verrechnungspreis einigen, muss noch für jeden einzelnen Einsatz eine schriftliche Vereinbarung geschlossen werden. Diese kann sich allerdings auf den zuvor abgeschlossenen Rahmenvertrag beziehen, ohne die dort festgehaltenen allgemeinen Regelungen im Einzelnen nochmals zu wiederholen. In jedem Fall sollten die einzelnen Arbeitnehmerüberlassungsvereinbarungen aber die zwingenden Vertragsinhalte nach dem AÜG enthalten.

16.1.3 Allgemeine Geschäftsbedingungen

Das Schriftformerfordernis erstreckt sich auch auf die Allgemeinen Geschäftsbedingungen, auf diese sollte daher im Arbeitnehmerüberlassungsvertrag ausdrücklich Bezug genommen werden und dem Arbeitnehmerüberlassungsvertrag angehängt werden.

16.2 Zwingender Vertragsinhalt

Im Arbeitnehmerüberlassungsvertrag muss der Verleiher erklären, ob er die Erlaubnis nach § 1 AÜG besitzt (§ 12 Abs. 1 Satz 2 AÜG). Der Entleiher hat anzugeben, welche besonderen Merkmale die für den Leiharbeitnehmer vorgesehene Tätigkeit hat und welche Qualifikation dafür erforderlich ist sowie welche im Betrieb des Entleihers für einen vergleichbaren Arbeitnehmer des Entleihers wesentlichen Arbeitsbedingungen einschließlich des Arbeitsentgelts gelten, insofern nicht einer der Tarifverträge in der Arbeitnehmerüberlassung Anwendung findet (§ 12 Abs. 1 Satz 3 AÜG). Des Weiteren sind zwingend die Hauptleistungspflichten, also die Verpflichtung des Verleihers zur Überlassung von Leiharbeitnehmern sowie die hierfür vom Entleiher geschuldete Vergütung sowie Vereinbarungen zum Arbeitsschutz aufzunehmen.

Zusammenfassend sollte der Arbeitnehmerüberlassungsvertrag mindestens die folgenden Punkte enthalten:

- Angabe Überlassungserlaubnis,
- Genaue und vollständige Kundenanschrift,
- Überlassungszeitraum (Beginn / Ende),
- Genaue Bezeichnung der Qualifikation, Tätigkeitsmerkmale (diese Angaben sind sowohl für die Überprüfung der tätigkeitsspezifischen Arbeitssicherheit als auch für die Überprüfung der angemessenen tariflichen Eingruppierung des Leiharbeitnehmers von Bedeutung),
- Person des Leiharbeitnehmers, wenn die Konkretisierung gewünscht ist,
- Tätigkeitsumfang, i.d.R. Angabe der Wochenarbeitszeit,
- Verrechnungssatz, Berechnungsbasis für Zuschläge,
- Vertragliche Kündigungsfrist,
- Zahlungsvereinbarungen,
- Arbeitsschutzvereinbarung.

16.3 Konkretisierung auf bestimmte Leiharbeitnehmer

Der Verleiher schuldet als Hauptleistungspflicht aus dem Arbeitnehmerüberlassungsvertrag die Überlassung von Leiharbeitnehmern. Diese Verpflichtung ist in der Regel eine Gattungsschuld. Das bedeutet der Verleiher ist lediglich verpflichtet, einen für die im Arbeitnehmerüberlassungsvertrag genauer bestimmten Aufgabe geeigneten, nicht aber einen bestimmten Zeitarbeitnehmer zu überlassen. Der Verleiher wäre demnach verpflichtet einen Ersatz zu stellen, wenn der Zeitarbeitnehmer krank oder im Urlaub ist, da er ja nur irgendeinen, grundsätzlich geeigneten Zeitarbeitnehmer schuldet.

Ist in einem Arbeitnehmerüberlassungsvertrag jedoch eine bestimmte Person als Arbeitnehmer bezeichnet und ist keine Klausel enthalten, wonach der Verleiher berechtigt ist, den Arbeitnehmer auszuwechseln, so ist der Verleiher bei Ausfall des Arbeitnehmers nicht verpflichtet, einen Ersatz zur Verfügung zu stellen.

16.4 Der Verrechnungssatz

Die Hauptleistungspflicht des Entleihers besteht in der Zahlung der Vergütung. Diese richtet sich nach den im Arbeitnehmerüberlassungsvertrag vereinbarten Verrechnungspreisen und vereinbarten Zuschlägen.

Bei der gewerblichen Arbeitnehmerüberlassung wird in der Regel zwischen der Zeitarbeitsfirma und dem Kundenunternehmen (Entleiher) ein Stundensatz (Verrechnungssatz) für die zu leistende Arbeitszeit vereinbart. Der Verrechnungssatz ist nicht identisch mit dem Lohn des Arbeitnehmers.

Der Kalkulationsfaktor für den Verrechnungssatz eines Zeitarbeitnehmers auf den Bruttostundenlohn des Zeitarbeitnehmers beträgt etwas 2,0. Multipliziert man den Bruttostundenlohn mit diesem Kalkulationsfaktor erhält man die Entleihgebühr für den Entleihbetrieb. Der Ertrag verringert sich für das Zeitarbeitsunternehmen, wenn die Verleihzeit (Produktivität) des Leiharbeitnehmers nicht bei 100 % liegt (z.B. durch Krankheit, auftragsfreie Zeiten etc.). Diese „Unproduktivität" ist von dem Verleihunternehmen zu tragen und daher bei der Berechnung des Verrechnungssatzes zu berücksichtigen.

16.5 Vermittlungsprovision

Bietet der Entleihbetrieb dem Leiharbeitnehmer bereits während seines Einsatzes einen festen Arbeitsplatz an und kündigt der Leiharbeitnehmer darauf hin sein Arbeitsverhältnis mit dem Zeitarbeitsunternehmen, um mit dem Einsatzbetrieb einen Arbeitsvertrag zu schließen, so kann das Verleihunternehmen unter Umständen die Zahlung einer Vermittlungsprovision vom Einsatzbetrieb verlangen (§ 9 AÜG). Dass Zeitarbeitsunternehmen kann die Vermittlungsprovision allerdings nur dann verlangen, wenn eine entsprechende Klausel wirksamer Bestandteil des Überlassungsvertrages zwischen Zeitarbeitsunternehmen und Entleihbetrieb geworden ist.

Häufig ist in den Arbeitnehmerüberlassungsverträgen der Zeitarbeitsfirmen bzw. in deren Allgemeinen Geschäftsbedingungen ein Anspruch auf Zahlung einer Vermittlungsprovision gegen den Entleiher enthalten für den Fall, dass der Entleiher den Leiharbeitnehmer innerhalb einer bestimmten Frist nach Ende der Arbeitnehmerüberlassung in ein Arbeitsverhältnis übernimmt.

Die Vereinbarung über eine Vermittlungsprovision bei Übernahme des Arbeitnehmers durch den Kunden ist grundsätzlich zulässig. Sie muss in der Höhe jedoch angemessen sein. Bei der Frage der Angemessenheit ist zu berücksichtigen, wie hoch der Aufwand des Kunden für die Gewinnung eines vergleichbaren Arbeitnehmers ist sowie die Dauer des vorangegangenen Verleihs. Die Provisionshöhe soll mit der Dauer der vorherigen Überlassung sinken. Der „Aufwand" entspricht dem Honorar von Arbeitsvermittlern in vergleichbaren Fällen, weshalb das Aufstellen allgemeiner Grenzen oder Provisionshöhen nicht erforderlich ist. Sofern vom Kunden die Angemessenheit der vereinbarten Provision bestritten wird, muss das Zeitarbeitsunternehmen die Marktüblichkeit des mit dem Kunden vereinbarten Verrechnungssatzes beweisen.

16.6 Einstellungsverbot

Vereinbarungen, die dem Entleiher untersagen, den Leiharbeitnehmer zu einem Zeitpunkt einzustellen, in dem dessen Arbeitsverhältnis zum Verleiher nicht mehr besteht, sind nichtig (§ 9 Nr. 3 AÜG).

§ 9 Nr. 3 AÜG umfasst auch das Verbot von Vertragsklauseln, die ein Angebot oder eine Initiative zur Einstellung untersagen.

16.7 Allgemeines Gleichbehandlungsgesetz

Gemäß § 6 Abs. 2 Satz 2 AGG gilt auch der Entleiher im Hinblick auf die Vorschriften über die Benachteiligung von Beschäftigten i.S.v. § 1 AGG als Arbeitgeber. Damit nimmt das Gesetz sowohl den Verleiher als auch den Entleiher in die Pflicht die im AGG vorgesehenen Präventivmaßnahmen durchzuführen.

17 Rechtsbeziehungen zwischen Entleiher und Leiharbeitnehmer

17.1 Vertragsähnliche Beziehungen

Der Verleiher bleibt auch nach Überlassung des Leiharbeitnehmers an den Entleiher Arbeitgeber des Leiharbeitnehmers. Durch die Tätigkeit beim Entleiher erfüllt der Leiharbeitnehmer seine arbeitsrechtlichen Verpflichtungen gegenüber dem Verleiher, seinem Arbeitgeber.

Zwischen Entleiher und dem bei ihm eingesetzten Leiharbeitnehmer besteht bei erlaubter Arbeitnehmerüberlassung zwar kein Arbeitsvertrag; Rechtsbeziehungen ergeben sich aber aus dem Einsatz in dem Betrieb des Entleihers. Insbesondere hat der Entleiher gegenüber dem Leiharbeitnehmer das Direktionsrecht im Hinblick auf den mit dem Verleiher vereinbarten Arbeitseinsatz. Durch die Überlassung des Leiharbeitnehmers geht das arbeitgeberseitige Direktionsrecht auf den Entleiher über.

17.2 Auskunftsanspruch

Gemäß § 13 AÜG kann der Leiharbeitnehmer im Falle der Überlassung von einem Entleiher Auskunft über die im Betrieb des Entleihers für einen vergleichbaren Arbeitnehmer des Entleihers geltenden wesentlichen Arbeitsbedingungen einschließlich des Arbeitsentgelts verlangen. Auch hier wurde eine entsprechende Ausnahmeregelung für den Fall der Tarifanwendung angefügt.

18 Haftung in der Arbeitnehmerüberlassung

18.1 Allgemeine Grundsätze der Arbeitnehmerhaftung

Der Arbeitnehmer haftet grundsätzlich für Schäden, die er dem Arbeitgeber in Ausübung seiner betrieblichen Tätigkeiten zufügt (§§ 280 I, 241 II BGB - bei Eigentumsverletzungen § 823 I BGB). Die Haftung des Arbeitnehmers bei einer „betrieblich veranlassten Tätigkeit“ ist jedoch eingeschränkt, um den Arbeitnehmer vor existentiellen Belastungen zu bewahren. So entfällt die Haftung bei leichter Fahrlässigkeit. Bei mittlerer Fahrlässigkeit teilt er sich die Haftung mit dem Arbeitgeber (Quote richtet sich nach Einzelfallbeurteilung, je nach Ausmaß des Verschuldens sowie Grad der Gefährlichkeit der Tätigkeit). Bei grober Fahrlässigkeit bzw. bei Vorsatz haftet er voll. Die volle Haftung bei grober Fahrlässigkeit ist jedoch wiederum eingeschränkt, wenn Verdienst und Schadensrisiko in einem deutlichen Missverhältnis stehen.

Diese Grundsätze gelten sowohl im Verhältnis des Arbeitnehmers zum Verleiher als auch zum Entleiher.

18.2 Haftung gegenüber dem Entleiher

18.2.1 Auswahlverschulden des Verleihers

Der Verleiher ist verpflichtet einen zu überlassenden Arbeitnehmer vor seiner Einstellung auf seine fachliche und persönliche Eignung zu überprüfen. Anderenfalls haftet er dem Entleiher wegen einer fehlerhaften Personalauswahl (sog. Auswahlverschulden). Der Leiharbeitnehmer ist kein Erfüllungs- oder Verrichtungsgehilfe des Verleihers.

Je nach Bedeutung der übertragenen Aufgabe kann weitergehend verlangt werden, dass der Verleiher eine eingehende Überprüfung der Qualifikation des Arbeitnehmers vornimmt. Bei einer Vertrauensstellung des Arbeitnehmers, etwa als Buchhalter, ist das Zeitarbeitsunternehmen auch zur Einholung von Referenzen und zur Erkundigung über Vorstrafen verpflichtet.

18.2.2 Schlechtleistung des Leiharbeitnehmers

Der Verleiher haftet lediglich für die ordnungsgemäße Auswahl und Überlassung eines hinreichend qualifizierten Leiharbeitnehmers. Kann der Verleiher diesen Nachweis anhand der vorliegenden Qualifikationen (wie

Zeugnisse, Facharbeiterbrief usw.) des Leiharbeitnehmers führen, kann der Entleiher aus einer etwaigen Schlechtleistung des Leiharbeitnehmers keinerlei Rechte gegenüber dem Verleiher geltend machen. Insbesondere bleibt der Entleiher zur Zahlung der im Arbeitnehmerüberlassungsvertrag vereinbarten Überlassungsvergütung verpflichtet und kann den Verleiher auch nicht wegen Schadensersatz in Anspruch nehmen.

In der Praxis sollte aber im Hinblick auf eine weitere gute Zusammenarbeit zwischen Verleiher und Kundenunternehmen (Entleiher) versucht werden, in zweckmäßiger Weise Abhilfe zu schaffen, etwa durch Austausch des Zeitarbeitnehmers oder durch Hinweis des Leiharbeitnehmers auf die Mängelrüge des Entleihers verbunden mit der Aufforderung, seine Arbeitsleistung zu verbessern.

18.2.3 Schadensverursachung durch den Leiharbeitnehmer gegenüber dem Entleiher

Auch hier gilt, dass der Verleiher lediglich für die ordnungsgemäße Auswahl des Leiharbeitnehmers haftet. Kann er die ordnungsgemäße Auswahl an Hand von Qualifikationen nachweisen, hat er auch bei einer Schadensverursachung durch den Leiharbeitnehmer weiterhin Anspruch auf seine Vergütung und für eine etwaige Schadensverursachung nicht einzustehen.

Ungeachtet dessen stellt sich die Frage, ob der Entleiher nach erfolgter Schadensverursachung zur Zurückweisung des betreffenden Zeitarbeitnehmers berechtigt ist.

Die ist zu bejahen, sofern der Leiharbeitnehmer nicht über die im Arbeitnehmerüberlassungsvertrag vereinbarte und damit geschuldete Qualifikation verfügt oder sich die mangelnde Qualifikation gerade im Schadenserereignis verwirklicht hat. Wurde der Schaden trotz Bestehen der erforderlichen Qualifikation verursacht, ist die Weiterbeschäftigung dem Entleiher jedenfalls dann zumutbar, wenn er bei gleicher Schadensverursachung durch einen seiner Stammmitarbeiter nicht berechtigt wäre, das Arbeitsverhältnis wegen der Schadensverursachung zu kündigen. Wäre ein Kündigungsrecht hingegen gerechtfertigt, wird der Entleiher vom Verleiher den Austausch verlangen können.

Bei Personenschäden werden mögliche Heilbehandlungskosten von der Berufsgenossenschaft (für die Zeitarbeitsbranche ist die Verwaltungsberufsgenossenschaft zuständig) bezahlt, während Schmerzensgeldansprüche gesetzlich ausgeschlossen sind.

18.2.4 Schadensverursachung durch den Leiharbeitnehmer gegenüber Dritten

Bei einer Schadenverursachung durch den Leiharbeitnehmer gegenüber Dritten, kann die Fremdfirma Schadensersatz vom Entleiher oder vom Leiharbeitnehmer verlangen. Nimmt die Fremdfirma zunächst den Entleiher in die Haftung, muss dieser den Schaden erst einmal bezahlen, kann den Zeitarbeitnehmer aber – je nach Grad der Fahrlässigkeit in Regress nehmen.

Macht die Fremdfirma direkt gegen den Leiharbeitnehmer Schadensersatzansprüche geltend, muss dieser den Schaden selbst regulieren. Denn die bereits dargestellten Haftungsbeschränkungen von Arbeitnehmern bei betrieblich veranlasster Tätigkeit gelten nicht gegenüber Dritten. Allerdings steht dem Arbeitnehmer in diesen Fällen ein Anspruch auf Freistellung gegenüber dem Arbeitgeber (Verleiher) zu. Dieser Freistellungsanspruch verpflichtet den Verleiher, seinem Arbeitnehmer alle Forderungen zu bezahlen, die Dritte, hier also die Fremdfirma, wegen einer beruflichen Pflichtverletzung an ihn stellen. Damit ist es letztlich der Verleiher, der den entstandenen Drittschaden bezahlen muss.

Für die Praxis bedeuten diese „Drittschadensfälle“, dass der Grundsatz wonach der Arbeitgeber nur für ein „Auswahlverschulden“ einzutreten und sich ggf. zu versichern hat, nur eingeschränkt gilt. Denn über den Freistellungsanspruch des Arbeitnehmers können auf den Arbeitgeber (Verleiher) erhebliche Haftungsrisiken zukommen, für die die meisten Versicherer keinen Deckungsschutz gewähren.

18.3 Haftung des Leiharbeitnehmers gegenüber dem Verleiher

Unabhängig von den oben genannten Grundsätzen der Arbeitnehmerhaftung haftet der Leiharbeitnehmer dem Verleiher gegenüber für die Erfüllung seiner Arbeitspflicht. Wenn der Leiharbeitnehmer das Arbeitsverhältnis beim Verleiher nicht antritt bzw. der Leiharbeitnehmer die Arbeit beim zugewiesenen Entleiher nicht aufnimmt oder abbricht, sofern dies vom Leiharbeitnehmer zu vertreten ist, muss der Leiharbeitnehmer dem Verleiher den entstandenen Schaden ersetzen.

18.4 Haftung von Verleiher und Entleiher gegenüber dem Leiharbeitnehmer

Erleidet der Arbeitnehmer beim Entleiher Sachschäden aufgrund eines Verschuldens des Entleihers, haften Verleiher und Entleiher hierfür gemeinschaftlich.

Der Leiharbeitnehmer hat die Wahl, ob er Ersatz vom Entleiher begehrt oder ob er sich direkt bei seinem Arbeitgeber, dem Verleiher, schadlos halten möchte. Der Entleiher ist im Hinblick auf die allgemeinen Schutzpflichten des Arbeitgebers sog. Erfüllungsgehilfe des Verleihers. Deshalb haftet der Verleiher dem Arbeitnehmer auch direkt für einen Schaden, der durch eine Schutzpflichtverletzung des Entleihers entsteht.

Für Sachschäden, die dem Arbeitnehmer während seiner Tätigkeit für den Entleiher unverschuldet entstanden sind, haftet auch der Verleiher.

Personenschäden von Leiharbeitnehmern werden von den Berufsgenossenschaften bezahlt, während Schmerzensgeldansprüche gesetzlich ausgeschlossen sind.

19 Arbeitsschutz

19.1 Gefahren für Leiharbeitnehmer

Leiharbeitnehmer müssen sich immer wieder von Neuem auf unterschiedliche Arbeitsanforderungen einstellen. Es wechseln nicht nur regelmäßig die Arbeitsaufgaben und die Tätigkeitsanforderungen, es wechseln auch die Arbeitsrollen, die von Leiharbeitnehmern übernommen werden müssen. Daher können sie die Erfahrungen die die Stammbelegschaft besitzt nur bedingt erlangen. Die Stammbelegschaft ist durch die Erfahrungen und der damit verbundenen Routine in der Lage sich die Arbeit zu erleichtern und sicher(er) arbeiten zu können, als das für die z.T. kurzfristig eingesetzten Leiharbeitnehmer nur bedingt möglich ist.

Daraus ergibt sich ein Dilemma, das für die Zeitarbeitsbranche typisch ist: Die Leiharbeitnehmer müssen gut und effizient arbeiten, damit das Unternehmen im Wettbewerb erfolgreich sein kann.

Dies wiederum erfordert eine gute Einweisung und Einbindung der Leiharbeitnehmer, um zusätzliche Kosten z.B. durch arbeitsbedingte Unfälle zu vermeiden. Dem steht entgegen, dass für die Einarbeitung nicht selten wenig Zeit zur Verfügung steht, wenn kurzfristig ein Einsatz besetzt werden muss.

Leiharbeitnehmer sind mit wechselnden betrieblichen Organisationsstrukturen und Abläufen konfrontiert. Sie haben weniger Zeit und Möglichkeiten, das Erkennen von Gefahrensituationen und Abweichungen im technologischen Prozess zu üben. Gleichzeitig haben sie es mit wechselnden Ansprechpartnern zu tun. Werden sie in einem Unternehmen zu Fragen der Arbeitssicherheit nicht ausreichend eingewiesen, wissen sie oft auch nicht, an wen sie sich in Fragen des Arbeitsschutzes bzw. der Arbeitssicherheit wenden sollen (bezüglich Schutzmaßnahmen, Schutzausrüstungen, Umgang mit Gefahrensituationen usw.).

Hinzukommt, dass Leiharbeitnehmer immer wieder an neuen Arbeitsorten und mit neuen Arbeitsumgebungen beschäftigt sind. Damit wechseln nicht nur die Arbeitswege und damit eventuell verbundene Gefahren. Es verändern sich auch die Umwelteinflüsse und eventuelle psychische und physische Belastungen.

Diesen Gefahren gilt es beim der Umsetzung des Arbeitsschutzes in der Zeitarbeit entgegenzuwirken.

19.2 Unterweisungen

19.2.1 Gemeinsame Verantwortlichkeit

Die Tätigkeit des Zeitarbeitnehmers bei dem Entleiher unterliegt den für den Betrieb des Entleihers geltenden öffentlich-rechtlichen Vorschriften des Arbeitsschutzrechts. Für die Einhaltung dieser Vorschriften sind Verleiher und Entleiher gemeinsam verantwortlich (§ 11 Abs. 6 AÜG).

19.2.2 Aufgaben des Entleihers

Alle mit der Eingliederung in den Entleihbetrieb und der Arbeitsleistung im Zusammenhang stehenden öffentlich rechtlichen Schutzpflichten obliegen in erster Linie dem Entleiher (§ 12 Abs. 2 ArbSchG). Er hat die im Rahmen der gesetzlichen Unfallverhütung notwendigen Unfallverhütungsmaßnahmen zu treffen. Der Leiharbeitnehmer ist verpflichtet, die entsprechenden Vorschriften zu befolgen.

Bereits bei der Auftragsvergabe hat das Entleihunternehmen die ausführende Tätigkeit incl. erforderlicher Qualifikationen, den Tätigkeitsort, potenzielle Gefahren sowie notwendige Maßnahmen der arbeitsmedizinischen Vorsorge darzustellen. Insbesondere vor Beginn der Beschäftigung und bei Veränderungen in seinem Arbeitsbereich hat der Entleiher den Leiharbeitnehmer über Gefahren für Sicherheit und Gesundheit, denen der Leiharbeitnehmer bei der Arbeit ausgesetzt sein könnte, sowie über die Maßnahmen und Einrichtungen zur Abwendung dieser Gefahren zu unterrichten. Zusätzlich hat er den Leiharbeitnehmer über die Notwendigkeit besonderer Qualifikationen, beruflicher Fähigkeiten, einer besonderen ärztlichen Überwachung sowie über erhöhte besondere Gefahren des Arbeitsplatzes an dem der Leiharbeitnehmer eingesetzt wird zu unterweisen. Während des Einsatzes trägt das entleihende Unternehmen die Verantwortung für den Arbeitsschutz. Dabei sind die Leiharbeitnehmer der eigenen Stammbelegschaft gleichgestellt.

19.2.3 Aufgaben des Verleihers

Da das Zeitarbeitsunternehmen für die Einhaltung der öffentlich rechtlichen Arbeitsschutzvorschriften nicht selbst sorgen kann, obliegt dem Verleihunternehmen die Kontroll- und Überwachungspflicht. Insbesondere muss es darauf achten, dass die Arbeitnehmer nur entsprechend ihrer Qualifikation und der im Arbeitnehmerüberlassungsvertrag vereinbarten Tätigkeit eingesetzt werden.

Daher ist es von besonderer Bedeutung, dass das Zeitarbeitsunternehmen vor Beginn des Einsatzes das Gefährdungspotential des jeweiligen Arbeitsplatzes ermittelt. Dazu muss sich der Verleiher den unbekannten Arbeitsplatz beim Kunden ansehen und mit dem Kunden die genauen Einsatzbedingungen besprechen. Dabei sollten die Anforderungen für einen sicheren und gesundheitsgerechten Einsatz – zum Beispiel körperliche Anforderungen, Umgebungseinwirkungen, persönliche Schutzausrüstungen, arbeitsmedizinische Vorsorgeuntersuchungen besprochen werden. Die Informationen aus der Besichtigung und dem Gespräch mit dem Kunden sollten in einem Arbeitsplatzbesichtigungsprotokoll dokumentiert werden. Nur wenn die Besichtigung eines unbekannten Arbeitsplatzes vor der Auftragsannahme nicht möglich ist – zum Beispiel bei Einsätzen als Kundendienstmonteure, auf Fernbaustellen oder in zugangssicheren Bereichen wie beispielsweise in der Kerntechnik, sollten die erforderlichen Informationen im Gespräch oder über die Dokumentation des Kunden erfolgen. Zur Sicherheit sollten die Angaben des Kunden durch einen Selbstcheck eines qualifizierten Mitarbeiters überprüft werden. Entsprechende Vorlagen für eine Arbeitsplatzbesichtigung und einen Selbstscheck können bei der für die Zeitarbeit zuständigen Verwaltungsberufsgenossenschaft angefordert werden. Wird der Arbeitsplatz wiederholt besetzt, ist eine Besichtigung des Arbeitsplatzes vor Auftragsannahme nur erforderlich, wenn sich die Arbeitsbedingungen verändert haben. Die Arbeitsplatzbesichtigungen sind regelmäßig zu wiederholen. Wie oft diese Wiederholungen durchzuführen sind richtet sich auch nach den Gefährdungen der Tätigkeit der Beschäftigten. Wird bei den Arbeitsplatzbesichtigungen festgestellt, dass der Kunde die im Arbeitnehmerüberlassungsvertrag aufgeführten Vereinbarungen und Verpflichtungen zum Arbeitsschutz nicht oder nur teilweise einhält, so muss umgehend mit dem Kunden Rücksprache gehalten werden wie diese zeitnah zu erfüllen sind. Ist ein sicherer und gesundheitsgerechter Einsatz der Leiharbeitnehmer nicht gewährleistet, ist der Einsatz zu beenden.

Unabhängig von seinen Kontroll- und Überwachungspflichten muss der Verleiher alle Beschäftigten bei Einstellung allgemein und tätigkeitsspezifisch, vor jedem Einsatz insbesondere zu den möglichen einsatzbezogenen Gefahren aus der Tätigkeit beim Kunden unterweisen (§ 12 ArbSchG). Die Unterweisungen sind mindestens einmal jährlich sowie aus gegebenen Anlässen – zum Beispiel bei Änderungen ihrer Tätigkeiten, nach aufgetretenen Sicherheitsmängeln und Gesundheitsgefahren oder nach erfolgten Unfällen – zu wiederholen und schriftlich zu dokumentieren bzw. vom

Leiharbeitnehmer zu bestätigen. Bei der Verwaltungsberufsgenossenschaft gibt es entsprechende Fragebögen sowie Unterweisungshilfen.

Die Leiharbeitnehmer sollten angewiesen werden sicherheitswidrige Anweisungen des Entleihers nicht durchzuführen – zum Beispiel Arbeiten an hoch gelegenen Arbeitsplätzen ohne Absturzsicherung – und dies sofort mitzuteilen. Genauso sollte der Verleiher dafür Sorge tragen, dass ihm Änderungen an der Tätigkeit beim Kunden umgehend mitzuteilen sind.

19.2.4 Rechtsfolgen bei Verstößen

Bei Verstößen gegen die Arbeitsschutzvorschriften kann die Erteilung/Verlängerung der Erlaubnis gefährdet sein bzw. ein Widerruf einer erteilten Erlaubnis drohen (§ 3 Abs. 1 Ziff. 1 AÜG). Hinzu kommt, dass die Beachtung der Arbeitsschutzvorschriften auch zu einer Reduzierung der Beitragssätze in der Verwaltungsberufsgenossenschaft (VBG) führen bzw. bei Verstößen ein höherer Beitrag festgesetzt werden kann.

Bei Verstößen des Verleihers gegen die Vorschriften über die Arbeitssicherheit, steht dem Leiharbeitnehmer ein Zurückbehaltungsrecht an seiner Arbeitsleistung zu. Dieses Recht besteht auch, wenn im Entleihbetrieb die Arbeitssicherheit nicht gewährleistet ist. Entsprechende Versäumnisse des Entleihers muss sich der Verleiher insoweit zurechnen lassen.

19.3 Rechtsgrundlagen für Unterweisung

Die Pflicht des Arbeitgebers zur Unterweisung ist in § 12 ArbSchG festgeschrieben. Eine erweitere Unterweisungspflicht für spezielle Bereiche und Personengruppen werden konkretisiert im:

- Jugendarbeitsschutzgesetz § 29,
- Gefahrstoffverordnung § 14,
- Betriebssicherheitsverordnung § 9,
- BGV A1 „Grundsätze der Prävention“ §§ 4 und 31.

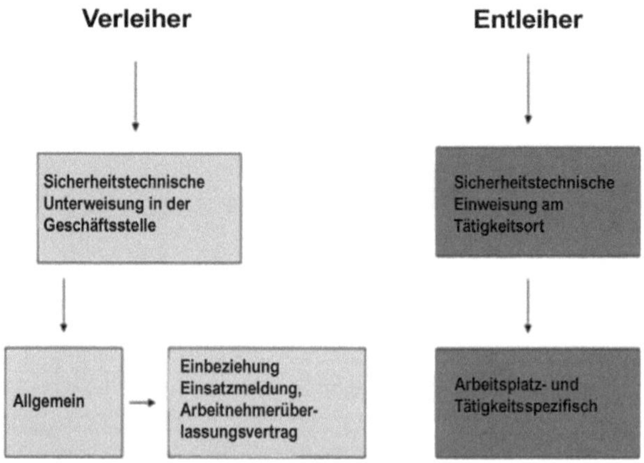

19.4 Arbeitsmedizinische Vorsorgeuntersuchungen

Sollten für den Einsatz beim Entleiher arbeitsmedizinische Vorsorgeuntersuchungen erforderlich sein, so sind diese vor Einsatzbeginn durchzuführen. Im Arbeitnehmerüberlassungsvertrag sollte festgehalten werden, welche arbeitsmedizinischen Vorsorgeuntersuchungen für die Tätigkeit beim Entleiher erforderlich sind und ob der Verleiher oder Entleiher die erforderlichen arbeitsmedizinischen Vorsorgeuntersuchungen durchführen lassen. Im Zweifel trifft diese Pflicht den Verleiher, als Arbeitgeber. Ist im Arbeitnehmerüberlassungsvertrag vereinbart, dass sich der Entleiher um die Durchführung der erforderlichen arbeitsmedizinischen Vorsorgeuntersuchungen kümmern soll, so sollte der Verleiher die Bescheinigung über die Durchführung der arbeitsmedizinischen Vorsorgeuntersuchung bei einer Prüfung durch die Verwaltungsberufsgenossenschaft (z.B. nach einem Arbeitsunfall) oder durch die Regionaldirektion vorlegen können.

Für bestimmte Tätigkeiten gibt es sog. Pflichtuntersuchungen (§ 4 ArbMedVV) und sog. Angebotsuntersuchungen (§ 5 ArbMedVV). Was eine Pflichtuntersuchung ist und bei welchen Tätigkeiten eine solche durchzuführen ist und wann eine Angebotsuntersuchung erfolgen muss, ergibt sich aus dem Anhang der ArbMedVV „Arbeitsmedizinische Pflicht- und Angebotsuntersuchungen sowie weitere Maßnahmen der arbeitsmedizinischen Vorsorge“.

Nach § 5 Abs. 1 ArbMedVV hat der Arbeitgeber Pflichtuntersuchungen der Beschäftigten zu veranlassen. Pflichtuntersuchungen müssen als Erstuntersuchung und als Nachuntersuchungen in regelmäßigen Abständen veranlasst werden. Der Arbeitgeber darf eine Tätigkeit nur ausüben lassen, wenn die erforderlichen Pflichtuntersuchungen zuvor durchgeführt worden sind. Die Bescheinigung der gesundheitlichen Unbedenklichkeit ist Tätigkeitsvoraussetzung.

Angebotsuntersuchungen muss der Arbeitgeber den Beschäftigten anbieten. Angebotsuntersuchungen müssen als Erstuntersuchung und anschließend als Nachuntersuchungen in regelmäßigen Abständen angeboten werden. Das Ausschlagen eines Angebots entbindet den Arbeitgeber nicht von der Verpflichtung, die Untersuchungen weiter regelmäßig anzubieten.

Erhält der Arbeitgeber Kenntnis von einer Erkrankung, die im ursächlichen Zusammenhang mit der Tätigkeit des oder der Beschäftigten stehen kann, so hat er ihm oder ihr unverzüglich eine arbeitsmedizinische Vorsorgeuntersuchung anzubieten. Dies gilt auch für Beschäftigte mit vergleichbaren Tätigkeiten, wenn Anhaltspunkte dafür bestehen, dass sie ebenfalls gefährdet sein können (vgl. § 5 Abs. 2 ArbMedVV).

Wunschuntersuchungen sind arbeitsmedizinische Vorsorgeuntersuchungen, die der Arbeitgeber den Beschäftigten nach § 11 ArbSchG zu ermöglichen hat. Nach § 11 ArbSchG hat der Arbeitgeber den Beschäftigten auf ihren Wunsch unbeschadet der Pflichten aus anderen Rechtsvorschriften zu ermöglichen, sich je nach den Gefahren für ihre Sicherheit und Gesundheit bei der Arbeit regelmäßig untersuchen zu lassen. Davon ausgenommen sind Tätigkeiten, bei denen auf Grund der Beurteilung der Arbeitsbedingungen und der getroffenen Schutzmaßnahmen nicht mit einem Gesundheitsschaden zu rechnen ist.

19.5 Maßnahmen zur Verbesserung des Arbeitsschutzes

Der Verleiher sollte durch regelmäßige Überprüfungen sicherstellen, dass die im folgenden genannten Maßnahmen des Arbeitsschutzrechts umgesetzt bzw. deren Beachtung durch geeignete Gestaltung der Betriebsorganisation sichergestellt ist:

- Bestellung eines geeigneten Sicherheitsbeauftragten (§§ 22 SGB VII, 20 BGV A 1),
- Bestellung oder Verpflichtung von Fachkräften für Arbeitssicherheit (§§ 5 ASiG, 2 BGV A 6),
- Bestellung oder Verpflichtung von Betriebsärzten (§§ 2 ASiG, 2 BGV A 7),
- Bildung eines Arbeitsschutzausschusses (§ 11 ASiG),

- Erfassung der Qualifikation der Leiharbeitnehmer (vgl. §§ 12 Abs. 1 Satz 3 AÜG, 7 BGV A 1),
- Ermittlung des Gefährdungspotentials des jeweiligen Arbeitsplatzes (§§ 5 ArbSchG, 3 BGV A 1),
- Auftragsannahme unter Berücksichtigung sicherheitstechnischer Kriterien,
- Vereinbarung mit dem Einsatzbetrieb über Sicherheitsmaßnahmen für den Mitarbeiter,
- Kostenfreie Bereitstellung notwendiger Sicherheits- und Schutzausrüstung (§§ 29 ff BGV A 1),
- Durchführung und Maßnahmen der arbeitsmedizinischen Vorsorge (G-Untersuchungen) (BGV A 4),
- Sicherheitstechnische Einweisung für den Einsatz beim Kunden über Sicherheit und Gesundheitsschutz bei der Arbeit, insbesondere die mit der Arbeit verbundenen Gefährdungen und die Maßnahmen zu ihrer Verhütung bei der Einstellung, bei Veränderungen im Tätigkeitsbereich, bei der Einführung neuer Arbeitsmittel, jeweils vor Aufnahme der Tätigkeit, wenn aus gegebenem Anlass (z.B. Arbeitsunfall) erforderlich, mindestens aber einmal jährlich durchführen und dokumentieren, (§§ 12 Abs.1 ArbSchG, 4 Abs. 1 BGV A 1),
- Sicherstellung der ersten Hilfe am Tätigkeitsort (§§ 24 ff. BGV A 1),
- Sicherheitsstechnische Einweisungen am Tätigkeitsort (§ 4 BGV A 1),
- Sicherheitstechnische Kontrollen am Tätigkeitsort,
- Durchführung von Unfalluntersuchungen am Tätigkeitsort,
- Analyse des Unfallgeschehens und arbeitsbedingter Erkrankungen.

19.6 Verwaltungsberufsgenossenschaft

Zuständig für Zeitarbeitsunternehmen ist die Verwaltungsberufsgenossenschaft.

Nach § 150 SGB VII trägt das Zeitarbeitsunternehmen die Beiträge zur gesetzlichen Unfallversicherung für die von ihm beschäftigten Arbeitnehmer.

Im Falle eines Arbeits- oder Wegeunfalls des Leiharbeitnehmers im Zusammenhang mit der Tätigkeit im Entleihbetrieb obliegt die Pflicht zur Unfallanzeige sowohl dem Verleiher als auch dem Entleiher. Beide Unternehmen haben die Meldung an die Verwaltungsberufsgenossenschaft abzugeben. Der Entleiher sollte vorsorglich jedoch auch eine Meldung an die für ihn zuständige Berufsgenossenschaft abgeben.

20 Betriebsverfassungsrecht

20.1 Rechtsstellung des Leiharbeitnehmers im Entleiherbetrieb

Leiharbeitnehmer bleiben auch während der Zeit ihres Einsatzes beim Kundenunternehmen (Entleiher) Angehörige des entsendeten Betriebes des Verleihers (§ 14 Abs. 1 AÜG).

Aufgrund ihrer tatsächlichen Eingliederung in den Entleihbetrieb gewährt ihnen § 14 Abs. 2 AÜG einige Rechte im Entleihbetrieb. Leiharbeitnehmer dürfen die Sprechstunden der Arbeitnehmervertretungen von Entleih betrieben aufsuchen und dort an den Betriebs- und Jugendversammlungen teilnehmen. Die Mitwirkungs- und Beschwerderechte nach den §§ 81, 82 Abs. 1 BetrVG sowie den §§ 84 bis 86 BetrVG stehen auch den Leiharbeitnehmern zu.

20.1.1 Beschwerderecht

Werden Leiharbeitnehmer im Entleihbetrieb aus Gründen ihrer Rasse oder wegen ihrer ethnischen Herkunft, des Geschlechts, der Religion oder der Weltanschauung, einer Behinderung, des Alters oder ihrer sexuellen Identität benachteiligt, können sie sich deswegen beim Entleihbetriebsrat beschweren (§ 84 BetrVG in Verbindung mit § 14 Abs. 2 Satz 3 AÜG). In den Fällen, in denen der Betriebsrat die Beschwerde für berechtigt hält, hat er beim Entleiher für Abhilfe zu sorgen (§ 85 BetrVG). Bei groben Verstößen des Entleihers (z.B. bei Wiederholung, besonders herabwürdigende Behandlung) hat der Betriebsrat zusätzlich nach § 17 Abs. 2 AGG die Möglichkeit, den Arbeitgeber gerichtlich auf Unterlassung in Anspruch zu nehmen. Kommt es dann erneut zu einer diskriminierenden Behandlung von Leiharbeitnehmern durch den Entleiher, kann das Arbeitsgericht auf Antrag des Betriebsrats ein Ordnungsgeld bis zur Höhe von 10.000,- Euro verhängen.

20.1.2 Wahlberechtigung

Gemäß § 7 Satz 2 BetrVG sind Arbeitnehmer die an einen anderen Arbeitgeber zur Arbeitsleistung überlassen werden wahlberechtigt, wenn sie länger als drei Monate im Betrieb eingesetzt werden. Leiharbeitnehmer haben als Wahlberechtigte im Entleiherbetrieb dieselben Befugnisse wie eigene Mitarbeiter des Betriebes. Sie dürfen Wahlvorschläge machen und unterstützen, an den erforderlichen Wahlversammlungen teilnehmen, und sie sind zur Anfechtung der Wahl befugt.

Die Wählbarkeit (passives Wahlrecht) ist ihnen nach wie vor versagt.

Nach § 14 Abs. 2 Satz 1 AÜG sind Leiharbeitnehmer bei der Wahl der betriebsverfassungsrechtlichen Arbeitnehmervertretungen im Entleihbetrieb und bei der Wahl der Arbeitnehmervertreter in den Aufsichtsrat im Entleihunternehmen nicht wählbar.

20.1.3 Schwellenwert

Bei der Berechnung von Schwellenwerten werden Leiharbeitnehmer nicht mitgezählt. Leiharbeitnehmer gelten nicht als Arbeitnehmer des Entleihbetriebes i.S. von § 9 BetrVG. Sie sind deshalb bei der für die Anzahl zu wählender Betriebsratsmitglieder maßgeblichen Belegschaftsstärke nicht zu berücksichtigen. Sie werden auch bei der Ermittlung der Arbeitnehmerzahlen des § 38 Abs. 1 BetrVG nicht berücksichtigt. Etwas anderes ergibt sich auch nicht durch die Einräumung des aktiven Wahlrechts für Leiharbeitnehmer durch § 7 Satz 2 BetrVG, weil der Arbeitnehmerbegriff des § 5 Abs. 1 BetrVG nicht geändert worden ist.

20.2 Rechtsstellung des Leiharbeitnehmers im Verleihbetrieb

Im Verleihbetrieb steht den Leiharbeitnehmern bei Vorliegen der übrigen gesetzlichen Voraussetzungen nach § 7 BetrVG (Wahlberechtigung) und § 8 BetrVG (Wählbarkeit) sowohl das aktive als auch das passive Wahlrecht zu den betriebsverfassungsrechtlichen Arbeitnehmervertretungen zu.

20.3 Mitbestimmung vor dem Einsatz von Leiharbeitnehmern

Vor der Übernahme eines Leiharbeitnehmers zur Arbeitsleistung ist der Betriebsrat des Entleiherbetriebes nach § 99 BetrVG zu beteiligen (§ 14 Abs. 3 Satz 1 AÜG).

Gemäß § 14 Abs. 3 Satz 2 AÜG ist der Entleiher verpflichtet, im Rahmen des nach § 99 BetrVG durchzuführenden Beteiligungsverfahrens dem Betriebsrat die schriftliche Erklärung des Verleihers über den Besitz einer Erlaubnis nach § 12 Abs. 1 Satz 2 AÜG vorzulegen. Hingegen muss der Arbeitgeber dem Betriebsrat nicht den Arbeitnehmerüberlassungsvertrag und den Leiharbeitsvertrag vorlegen. § 14 Abs. 2 Satz 3 AÜG enthält neben der Pflicht, die Erlaubnisurkunde vorzulegen, eine Unterrichtungspflicht des Entleihers. Danach hat er Mitteilungen des Verleihers über den Fortfall der Erlaubnis sowie über den Ablauf der gesetzlichen Abwicklungsfrist nach § 12 Abs. 2 AÜG unverzüglich bekannt zu geben.

Die Unterrichtung des Betriebsrates nach § 99 BetrVG vor dem Einsatz der Leiharbeitnehmer wird sich im Regelfall auf die Person und Anzahl der Leiharbeitnehmer, deren berufliche Qualifikation, den Einstellungstermin, Dauer des Einsatzes, die vorgesehenen Arbeitsplätze und auf die Auswirkungen der Einstellung auf die Stammbelegschaft beschränken.

Die Zustimmungsverweigerungsgründe sind in § 99 Abs. 2 Nr. 1-6 BetrVG abschließend aufgezählt:

- § 99 Abs. 2 Nr. 1 BetrVG: Fehlen einer Überlassungserlaubnis oder Verstöße gegen sonstige Vorschriften des AÜG.
- § 99 Abs. 2 Nr.3 BetrVG: Benachteiligung eigener Arbeitnehmer wie z.B. betriebsbedingte Kündigung eines Stammmitarbeiters oder die Nichtverlängerung eines befristeten Arbeitsvertrages.
- § 99 Abs. 2 Nr. 5 BetrVG: Unterbliebene innerbetriebliche Stellenausschreibung nach § 93 BetrVG; freie Arbeitsplätze sind grundsätzlich auch dann zuvor auf Verlangen des Betriebsrates innerbetrieblich auszuschreiben, wenn sie mit Leiharbeitnehmern besetzt werden sollen.
- § 99 Abs. 2 Nr. 6 BetrVG: Störungen des Betriebsfriedens, wenn z.B. die durch Erfahrungen in der Vergangenheit begründete Besorgnis besteht, dass ein vormals bereits eingesetzter Leiharbeitnehmer erneut negativ auffallen wird (insbesondere durch rassistische oder fremdenfeindliche Betätigung).

Lässt der Arbeitgeber in seinem Betrieb Leiharbeitnehmer ohne erforderliche vorherige Zustimmung des Betriebsrates tätig werden, kann dieser den weiteren Einsatz unter Anrufung des Arbeitsgerichts untersagen lassen (§ 101 Satz 1 BetrVG).

Verweigert der zuvor ordnungsgemäß unterrichtete Betriebsrat unter Hinweis auf § 99 Abs. 2 BetrVG die Zustimmung, muss der Arbeitgeber das arbeitsgerichtliche Zustimmungsverfahren gemäß § 99 Abs. 4 BetrVG einleiten, will er an der Maßnahme festhalten. Das führt zu einer enormen zeitlichen Verzögerung was bei der meist kurzen Einsatzzeit der Leiharbeitnehmer besonders hinderlich ist.

Obwohl § 14 Abs. 3 Satz 1 AÜG ausdrücklich nur auf § 99 BetrVG verweist, sind auch die §§ 100, 101 BetrVG anwendbar. Das bedeutet, dass der Entleiher die Möglichkeit hat, den Einsatz des Leiharbeitnehmers als vorläufige Maßnahme durchzuführen, um zu verhindern, dass sich die geplante Maßnahme durch Zeitablauf erledigt (§ 100 Abs. 1 BetrVG). Allerdings lässt sich auch dann ein arbeitsgerichtliches Verfahren kaum vermeiden. Wird die Dringlichkeit der Maßnahme vom Betriebsrat bestritten, muss der Entleiher innerhalb von drei Tagen das Arbeitsgericht anrufen und die Ersetzung der Zustimmung des Betriebsrats und die Feststellung beantragen, dass die Maßnahme aus sachlichen Gründen dringend erforderlich war (§ 100 Abs. 2 BetrVG).

20.4 Mitbestimmung nach § 87 BetrVG

Ob bei Maßnahmen, die Leiharbeitnehmer betreffen, der Betriebsart des Verleiher Betriebs oder derjenige des Entleiherbetriebes mitzubestimmen hat, richtet sich danach, ob der Vertragsarbeitgeber oder der Entleiher die mitbestimmungspflichtige Entscheidung trifft.

Beispiele: Die Entsendung von Leiharbeitnehmern in Betriebe, deren betriebsübliche Arbeitszeit die vom Leiharbeitnehmer vertraglich geschuldete Arbeitszeit übersteigt, ist nach § 87 Abs. 1 Ziff. 3 BetrVG mitbestimmungspflichtig, sofern die Entsendung für eine entsprechend verlängerte Arbeitszeit erfolgt. Das Mitbestimmungsrecht steht dem beim Verleiher gebildeten Betriebsrat zu.

Dagegen steht dem beim Entleiher gebildeten Betriebsrat das Mitbestimmungsrecht nach § 87 Abs. Ziff. 2 BetrVG über den Beginn und das Ende der täglichen Arbeitszeit einschließlich der Pausen sowie Verteilung der Arbeitszeit auf die einzelnen Wochentage auch für Leiharbeitnehmer zu.

20.5 Informationsrecht

Der Entleiher hat den Betriebsrat umfassend zu unterrichten, soweit dies zur Wahrnehmung der in § 80 Abs. 1 Ziff. 1-9 BetrVG beschriebenen „allgemeinen Aufgaben“ erforderlich ist (§ 80 Abs. 2 Satz 1 BetrVG). Die Unterrichtungspflicht erstreckt sich auch auf Personen, die nicht in einem Arbeitsverhältnis zum Arbeitgeber stehen (§ 80 Abs. 2 Satz 1, 2.HS BetrVG).

Für Leiharbeitnehmer ist der Betriebsrat des Entleiherbetriebes insoweit zuständig, als seine Überwachungsaufgabe an die Tätigkeit der Leiharbeitnehmer im Entleihbetrieb anknüpft. Wichtig für die Praxis sind hier vor allem § 80 Abs. 1 Ziff.1 und Ziff. 9 BetrVG.

Nach § 80 Abs. 1 Ziff. 1 BetrVG hat der Betriebsrat darüber zu wachen, dass die zugunsten der Arbeitnehmer geltenden Gesetze, Verordnungen, Unfallverhütungsvorschriften, Tarifverträge und Betriebsvereinbarungen durchgeführt werden. Nach § 80 Abs. 1 Ziff. 9 BetrVG hat der Betriebsrat Maßnahmen des Arbeitsschutzes und des betrieblichen Umweltschutzes zu fördern. Von Relevanz für die Tätigkeiten sind in diesem Zusammenhang insbesondere einige Schutzvorschriften des AÜG (Vorhandensein einer

Überlassungserlaubnis, Einhaltung von Arbeitsschutzvorschriften) sowie die Bestimmungen des AGG.

Im Rahmen seiner Unterrichtungspflicht kann der Betriebsrat verlangen, dass ihm die Verträge mit den Fremdfirmen, die Grundlage der Beschäftigung der Leiharbeitnehmer sind, zur Einsicht überlassen werden. Dem Betriebsrat sind auf Verlangen auch die Listen zur Verfügung zu stellen, aus denen sich die Einsatztage der einzelnen Arbeitnehmer der Fremdfirmen ergeben. Der Betriebsrat soll in die Lage versetzt werden, in eigener Verantwortung selbst zu prüfen, ob sich für ihn Aufgaben ergeben und ob er zur Wahrnehmung dieser Aufgaben tätig werden muss. Durch Zurverfügungstellung von Kontrolllisten ist dem Betriebsrat die Wahrnehmung seiner Beteiligungsrechte bei der Personalplanung im Rahmen des § 92 BetrVG zu ermöglichen. Außerdem benötigt der Betriebsrat die Information, um sein Vorschlagrecht gemäß § 92 a BetrVG wirksam ausüben zu können.

20.6 Anforderungsprofil des Entleihers

Der Betriebsrat hat bei der Einführung von Personalfragebögen der Aufnahme persönlicher Angaben in Formulararbeitsverträgen sowie bei der Aufstellung allgemeiner Beurteilungsgrundsätze mitzubestimmen (vgl. § 94 BetrVG). Die eigentliche Auswahl des Leiharbeitnehmers obliegt dem Verleiher. Allerdings hat der Entleiher in der Regel ein bestimmtes Anforderungsprofil an den Leiharbeitnehmer (Qualifikationen, Berufserfahrungen usw.). Diese Anforderungen sind vom Entleihbetriebsrat gemäß § 94 BetrVG mitzubestimmen. Dabei hat der Betriebsrat insbesondere darauf zu achten, dass die Auswahlkriterien die Leiharbeitnehmer nicht benachteiligen.

20.7 Benachteiligungsverbot

Das in § 75 Abs. 1 BetrVG enthaltene Gebot, alle im Betrieb tätigen Personen nach den Grundsätzen von Recht und Billigkeit zu behandeln, insbesondere, dass jede Benachteiligung von Personen aus Gründen ihrer Rasse oder wegen ihrer ethnischen Herkunft, ihrer Abstammung oder sonstigen Herkunft, ihrer Nationalität, ihrer Religion oder Weltanschauung, ihrer Behinderung, ihres Alters, ihrer politischen oder gewerkschaftlichen Betätigung oder Einstellung oder wegen ihres Geschlechts oder ihrer sexuellen Identität zu verhindern, obliegt dem Entleihbetriebsrat auch in Bezug auf die Leiharbeitnehmer.

21 Kurzarbeit

Seit November 2008 besitzen auch Zeitarbeitsunternehmen einen Anspruch auf Gewährung von Kurzarbeitergeld (vgl. auch § 11 Abs. 4 AÜG).

Rückwirkend zum 1. Februar 2009 wurden die Voraussetzungen für die Bewilligung gelockert. Die am 20. Februar 2009 im Gesetz „Gesetz zur Sicherung von Beschäftigung und Stabilität in Deutschland“ enthaltenen Neuregelungen zur Kurzarbeit und Qualifizierung gelten vom 1. Februar 2009 zunächst bis zum 31. Dezember 2010. Die bisherigen Durchführungsanweisungen der Bundesagentur für Arbeit wurden überarbeitet und die “Hinweise zum Antragsverfahren Kurzarbeitergeld und zur pauschalierten Erstattung der Sozialversicherungsbeiträge der Bezieher von Kug“ herausgegeben.

Das gesamte Verfahren zum Kurzarbeitergeld und die Antragstellung wurden vereinfacht.

Für die Beantragung von Kurzarbeitergeld von einem oder mehreren Beschäftigten reicht nun mehr der Nachweis eines Entgeltausfalls von mehr als 10 %. Vorher musste ein Drittel der Belegschaft von einem Entgeltausfall betroffen gewesen sein. Der Arbeitgeber hat bei der Antragstellung nun mehr ein Wahlrecht, ob er vom Aussetzen des sog. Drittelerfordernisses Gebrauch macht oder wie bisher bei Erfüllung des Drittelerfordernisses Kurzarbeitergeld auch an weitere Arbeitnehmer zahlt, die von Entgeltausfällen von 10 % und weniger betroffen sind.

Die Agenturen für Arbeit erstatten die Hälfte der Beiträge zur Sozialversicherung, die auf Kurzarbeit entfallen. Für Mitarbeiterinnen und Mitarbeiter, die während der Kurzarbeit an Weiterbildungsmaßnahmen teilnehmen, können für diese Zeit die Beträge sogar zu 100 % übernommen werden.

Arbeitszeitkonten müssen vor Bezug des Kurzarbeitergeldes nicht ins Minus gebracht werden. Es ist allerdings vor der Gewährung auf Kurzarbeitergeld auf Null zu bringen.

Ab dem 1. Januar 2008 durchgeführte vorübergehende Änderungen der Arbeitszeit aufgrund von Beschäftigungssicherungsvereinbarungen wirken sich nicht negativ auf die Höhe des Kurzarbeitergeldes aus.

22 Grenzüberschreitende Arbeitnehmerüberlassung

22.1 Arbeitnehmerüberlassung von Deutschland ins Ausland

Die Überlassung von Arbeitnehmern in das Ausland ist für inländische Verleiher grundsätzlich erlaubnispflichtig. Die insoweit erforderliche Verleiherlaubnis wird bei Vorliegen der Voraussetzungen nach dem AÜG erteilt.

Diese Erlaubnis berechtigt dann zum Verleih in alle ausländische Staaten und ist nicht nur auf die EU/EWR Mitgliedsstaaten beschränkt.

Eine mögliche Arbeitnehmerüberlassung von Arbeitnehmern von Deutschland ins Ausland scheitert jedoch häufig an den Voraussetzungen des Aufnahmelandes. Denn die nach dem deutschen Recht notwendige Erlaubnis zur Arbeitnehmerüberlassung besagt nichts darüber, ob die Arbeitnehmerüberlassung nach dem Recht des Aufnahmelandes zulässig ist. Der Verleiher muss also selbst überprüfen, ob die beabsichtigte Arbeitnehmerüberlassung nach dem Recht des Aufnahmelandes zulässig ist und welche etwaig notwendigen Erlaubnisse des Aufnahmelandes vorliegen müssen.

22.2 Auslandsentsendungen

22.2.1 Entsendung

Eine Arbeitnehmerentsendung liegt grundsätzlich dann vor, wenn ein Arbeitnehmer auf Weisung seines inländischen Arbeitgebers (entsendendes Unternehmen), im Ausland eine Beschäftigung für ihn ausübt. Eine Entsendung ist auch dann gegeben, wenn der Arbeitnehmer im Inland eigens für eine Arbeit im Ausland eingestellt wird.

22.2.2 „Huckepack Verleih“ ins Ausland

Entsendungen im sog. „Huckepack-Verleih“ liegen vor, wenn der Leiharbeitnehmer zunächst an einen inländischen Entleiher überlassen und dieser dann die grenzüberschreitende Entsendung ins Ausland vornimmt. Dabei muss sichergestellt bleiben, dass das Weisungsrecht bei dem deutschen Kunden verbleibt und dieser das Weisungsrecht nicht an einen ausländischen Dritten überträgt. Anderenfalls liegt eine grenzüberschreitende Arbeitnehmerüberlassung vor.

22.2.3 Zeitliche Befristung

Die Beschäftigung im Ausland muss im Voraus zeitlich begrenzt sein (vorübergehende Entsendung). Die zeitliche Begrenzung kann sich aus der Eigenart der Beschäftigung oder aus einer vertraglichen Vereinbarung ergeben. Die Dauer der Entsendung ist zunächst auf 12 Monate begrenzt und kann einmalig um weitere zwölf Monate verlängert werden. Es darf kein anderer Arbeitnehmer abgelöst werden, für den die Entsendungszeit abgelaufen ist.

Arbeitnehmer und Arbeitgeber können im Rahmen ihrer Vertragsfreiheit das auf das Arbeitsverhältnis anwendbare Recht vereinbaren. Fehlt eine derartige Vereinbarung, richtet sich das anwendbare Recht in erster Linie nach dem gewöhnlichen Arbeitsort (Art. 30 EGBGB). Der gewöhnliche Arbeitsort ist bei vorübergehenden Entsendungen ins Ausland der inländische Arbeitsort.

Soll der Leiharbeitnehmer länger als einen Monat seine Arbeitsleistung außerhalb der Bundesrepublik Deutschland erbringen, sind die folgenden Angaben nach § 2 Abs. 2 Nachweisgesetzes zwingend in die Niederschrift der wesentlichen Vertragsbedingungen bzw. den Leiharbeitsvertrag aufzunehmen:

- Arbeitsort,
- Dauer der Auslandstätigkeit,
- Arbeitsentgelt,
- Währung in der das Arbeitsentgelt ausgezahlt wird,
- Mit dem Auslandsaufenthalt verbundenes zusätzliches Entgelt und Sachleistungen,
- Bedingungen für die Rückkehr des Arbeitnehmers.

Zweckmäßig ist es jedoch, jeden Auslandseinsatz über eine Zusatzvereinbarung (Entsendungsvereinbarung) zum Leiharbeitsvertrag zu regeln.

22.2.4 Zwingende Vorschriften

In der Regel bleibt das deutsche Recht anwendbar, wenn es sich nur um eine vorübergehende Entsendung handelt. Insbesondere gibt es zwingendes deutsches Recht, welches in jedem Fall angewendet werden muss, wie z.B. die Regeln über Massenentlassung, besonderer Kündigungsschutz für Betriebsverfassungsorgane und nach dem Schwerbehinderten- und Mutterschutzgesetz. Daneben sind aber auch die einschlägigen ausländischen Vorschriften zu beachten, wie z.B. Regelungen über Arbeitserlaubnis, gesetzliche Arbeitszeit, Nacht- und Sonntagsarbeit, Mindestlöhne, Feiertage, gelten in jedem Fall und zwar unabhängig vom auf das Arbeitsverhältnis anwendbaren Recht. Innerhalb der EU gelten außerdem bestimmte Mindestarbeitsbedingungen auch für entsandte deutsche Arbeitnehmer.

Zwingende Arbeitnehmerschutznormen, die günstiger sind als das gewählte Recht, behalten ihre Geltung. Diese Normen können dem öffentlichen oder privaten Recht angehören oder auch einem Tarifvertrag, dem die Parteien unterworfen sind. Beispiele für Arbeitnehmerschutznormen sind: Arbeitszeitrecht, Feiertagsrecht, Jugendschutz, Mutterschutz, Kündigungsschutz.

22.2.5 Sozialversicherung

Die soziale Absicherung richtet sich nach der Form der Entsendung.

22.2.5.1 Vorübergehende Entsendung

Bei einer vorübergehenden Entsendung, die eine bestimmte Dauer nicht überschreitet, bleibt der Arbeitnehmer weiterhin in Deutschland sozialversicherungspflichtig. Besteht dagegen das Arbeitsverhältnis zu einer ausländischen Tochtergesellschaft oder liegt eine dauerhafte Auslandstätigkeit vor, so ist der Arbeitnehmer ausschließlich bei der ausländischen Sozialversicherung beitragspflichtig und leistungsberechtigt.

22.2.5.2 Pflichtversicherung auf Antrag

Untersteht der Arbeitnehmer nicht der deutschen Sozialversicherungspflicht, besteht die Möglichkeit, den Versicherungsschutz in Deutschland aufrechtzuerhalten. In der Renten-, Kranken- und Pflegeversicherung besteht die Möglichkeit der freiwilligen Versicherung (§7 SGB VI, § 9 SGB V, § 26 SGB XI).

Eine freiwillige Versicherung in der Unfall-/ und Arbeitslosenversicherung ist nicht möglich. Einige Berufsgenossenschaften bieten jedoch einen Auslandsunfallversicherungsschutz an.

22.2.5.3 Entsendung innerhalb der EU

Die grenzüberschreitende Entsendung innerhalb der EU wird durch die Verordnung Nr. 1408/71 geregelt. Danach bleiben die Rechtsvorschriften des Entsendestaates anwendbar, wenn die folgenden Voraussetzungen vorliegen:

- EU-Bürger, Flüchtling oder Staatenloser,
- Entsendung im verordnungsrechtlichen Sinne,
- Entsendungsdauer höchstens ein Jahr, Arbeitgeber müssen hierfür das Formular E-101 bei der gesetzlichen Krankenkasse beantragen,

- Die Entsendung kann um weitere 12 Monate verlängert werden, dies geschieht über das Formular E-102,
- Es darf kein anderer Arbeitnehmer abgelöst werden, für den die Entsendungszeit abgelaufen ist.

22.2.5.4 Sozialversicherungsabkommen

Darüber hinaus hat Deutschland mit einigen Ländern Sozialversicherungsabkommen abgeschlossen. Diese Abkommen sehen vor, dass aus Deutschland entsandte Arbeitnehmer nicht der ausländischen, sondern nur der deutschen Sozialversicherung unterliegen. Hier sollte man sich im Einzelfall genau informieren, da die Reichweite der Abkommen unterschiedlich ist und zum Teil nur die Renten- oder Krankenversicherung betrifft.

22.2.6 Steuerpflicht

Natürliche Personen sind in Deutschland unbeschränkt einkommensteuerpflichtig, wenn sie im Inland einen Wohnsitz oder ihren gewöhnlichen Aufenthalt haben. Ist dieser auch während der Auslandsentsendung weiterhin in Deutschland, bleibt der Arbeitnehmer nach dem genannten Grundsatz mit seinem Arbeitslohn in Deutschland steuerpflichtig.

Bei ins Ausland entsendeten Arbeitnehmern ist ein inländischer Wohnsitz zu vermuten, wenn die Wohnung im Inland beibehalten wird und deren Benutzung jederzeit möglich ist. Dies kann je nachdem auch dann der Fall sein, wenn sie während des Auslandsaufenthalts kurzfristig (bis zu sechs Monate) zwischenvermietet wird, um sie nach der Rückkehr wieder zu benutzen. Wird dagegen die Wohnung definitiv gekündigt oder verkauft, wird der Wohnsitz regelmäßig aufgegeben. Bei Eheleuten gilt, dass ein Ehegatte - sofern die Ehegatten nicht dauerhaft getrennt leben, dieser seinen Wohnsitz prinzipiell dort hat, wo seine Familie lebt.

22.2.6.1 Umfang der Steuerpflicht

Unbeschränkt Steuerpflichtige unterliegen mit ihrem gesamten inländischen und ausländischen Einkünften in Deutschland der Einkommensteuer. Bei Auslandstätigkeiten tritt bei der Besteuerung der Vergütungen allerdings regelmäßig als weiterer Berechtigter der Fiskus des Tätigkeitsstaats daneben auf. Um in diesen Fällen eine Doppelbesteuerung zu vermeiden, sieht das deutsche Einkommensteuerrecht verschiedene Möglichkeiten vor, die sich danach unterscheiden, ob mit dem Staat, in den der Arbeitnehmer entsandt wird, ein sogenanntes Doppelbesteuerungsabkommen besteht oder nicht.

22.2.6.2 Doppelbesteuerungsabkommen

Zur Vermeidung der Doppelbesteuerung hat die Bundesrepublik mit einer Vielzahl von Staaten sogenannte Doppelbesteuerungsabkommen abgeschlossen. Danach wird das Besteuerungsrecht in der Regel dem Staat zugewiesen, in dem der Arbeitnehmer seine Tätigkeit ausübt. Die entsprechenden Einkünfte werden in Deutschland von der Einkommensteuer regelmäßig freigestellt. Sie beeinflussen aber die Höhe des Steuersatzes, mit dem die inländischen Einkunftsanteile, wie zum Beispiel Kapitalerträge oder Einkünfte aus Vermietung und Verpachtung, besteuert werden.

22.2.6.3 183-Tage-Regelung

Eine Ausnahme von dem zuvor gesagten enthält die 183-Tage-Regelung. Diese Regelung hat zur Folge, dass die Einkünfte abweichend von dem im Doppelbesteuerungsabkommen enthaltenen Grundsatz nicht im Land des Tätigkeitsorts, sondern im Wohnsitzstaat des Arbeitnehmers besteuert werden können, wenn der Arbeitnehmer sich nicht länger als 183 Tage im Jahr im Tätigkeitsstaat im Ausland aufhält. Oder Arbeitgeber, der die Vergütung zahlt, nicht im Tätigkeitsstaat ansässig ist und der Arbeitslohn nicht von einer im Tätigkeitsstaat gelegenen Betriebsstätte des Arbeitgebers getragen werden.

Die 183 Tage sind grundsätzlich für jedes Steuerjahr bzw. Kalenderjahr zu ermitteln. Bei der Ermittlung der zu berücksichtigenden Tage ist nicht die Dauer der Tätigkeit, sondern die körperliche Anwesenheit maßgeblich. Auch kurzfristige Anwesenheit an einem Tag genügt.

22.2.6.4 Staaten ohne Doppelbesteuerungsabkommen

Im Verhältnis zu Staaten, mit denen kein Doppelbesteuerungsabkommen besteht, kann der Steuerpflichtige die im Ausland festgesetzte, entrichtete und keinem Ermäßigungsanspruch unterliegende Steuer auf die deutsche Einkommensteuer anrechnen.

22.2.6.5 Grenzgänger

Nach dem Gemeinschaftsrecht ist „Grenzgänger" jeder Arbeitnehmer, der im Gebiet eines Mitgliedstaats beschäftigt ist und im Gebiet eines anderen Mitgliedstaats wohnt, in das er in der Regel täglich, mindestens aber einmal wöchentlich zurückkehrt. Diese Definition, die neben der Fahrt vom Wohnsitz zur Arbeitsstätte über eine Grenze hinweg die tägliche oder wöchentliche Rückkehr an den Wohnsitz verlangt, gilt jedoch nur für den sozialen Schutz der betreffenden Arbeitnehmer in der Europäischen Union.

Da es keine gemeinschaftliche Zuständigkeit gibt, sind für die steuerliche Behandlung der Grenzgänger ausschließlich die Doppelbesteuerungsabkommen maßgebend. Diese können beispielsweise die Besteuerung des Grenzgängers um Wohnsitzstaat (so. z.B. nach dem französisch-belgischen Doppelbesteuerungsabkommen), die Besteuerung im Quellenstaat (so z.B. nach dem Abkommen zwischen den Niederlanden und Deutschland) oder beide Formen der Besteuerung gleichzeitig (Abkommen zwischen der Schweiz und Deutschland) vorsehen.

22.3 Arbeitnehmerüberlassung nach Deutschland

22.3.1 Arbeitnehmerüberlassung aus EG/EWR Staaten

Für die Arbeitnehmerüberlassung aus EG / EWR Staaten nach Deutschland ist es zwingend erforderlich, dass das Zeitarbeitsunternehmen eine deutsche Überlassungserlaubnis besitzt und nachweisen kann, dass es die nach seinem Heimatrecht erforderliche Erlaubnis besitzt oder die Arbeitnehmerüberlassung dort erlaubnisfrei zulässig ist.

Staatsangehörige der Mitgliedstaaten der Europäischen Wirtschaftsgemeinschaft /EG/EU oder eines anderen Vertragsstaates des Abkommens über den Europäischen Wirtschaftsraum erhalten die Erlaubnis nach dem AÜG unter den gleichen Voraussetzungen wie Deutsche Staatsangehörige. Gemäß § 3 Abs. 4 Satz 1, 2 AÜG stehen diesen Staaten Gesellschaften und juristischen Personen gleich, die nach den Rechtsvorschriften dieser Staaten gegründet sind und ihren satzungsmäßigen Sitz, ihre Hauptverwaltung oder ihre Hauptniederlassung innerhalb dieser Staaten haben.

Der satzungsmäßige Sitz einer Gesellschaft oder juristischen Person ist derjenige, der in der Gesellschaftsatzung formell als solcher genannt wird und an dem sie eingetragen ist. Die Hauptverwaltung befindet sich dort, wo sich die Leitung, also die Organe der Gesellschaft oder juristischen Person befinden. Regelmäßig ist die Hauptniederlassung mit der Hauptverwaltung identisch; zwingend ist dies allerdings nicht. Die Hauptniederlassung kann auch von der Hauptverwaltung organisatorisch und räumlich getrennt sein.

Einschränkungen für die Anspruchsberechtigung von Unternehmen aus EG/EWR Staaten auf Erteilung einer Erlaubnis nach dem AÜG können sich gemäß § 3 Abs. 4 Satz 3 AÜG ergeben, wenn die Gesellschaften oder juristischen Personen zwar ihren satzungsmäßigen Sitz, jedoch weder ihre

Hauptverwaltung noch ihre Hauptniederlassung innerhalb einer dieser Staaten haben. In diesen Fällen besteht ein Anspruch auf Erteilung der Erlaubnis nur, wenn die Unternehmen ihre Tätigkeit in tatsächlicher und dauerhafter Verbindung mit der Wirtschaft eines EG-Mitgliedstaates oder eines EWR-Vertragsstaates steht. Eine hinreichende tatsächliche Verbindung mit der Wirtschaft eines EG/EWR Staates besteht bereits dann, wenn die Gesellschaft oder juristische Person dort zwar nicht ihre Hauptniederlassung oder Hauptverwaltung, aber ihren satzungsmäßigen Sitz und eine Zweigniederlassung hat. Auch eine bloße Betriebsstätte kann ausreichend sein. Die Verbindung ist dauerhaft, wenn sie nicht nur als rein gelegentlich anzusehen ist.

Mitgliedstaaten der EG/EU und /oder des EWR sind derzeit neben Deutschland:

Belgien, Dänemark, Finnland, Frankreich, Griechenland, Irland, Island, Italien, Liechtenstein, Luxembourg, Niederlande, Österreich, Portugal, Schweden, Spanien, Großbritannien, Norwegen.

Seit dem 01.05.2004 Polen, Tschechische Republik, Ungarn, Litauen, Lettland, Estland, Slowenien, Slowakei, Malta und Zypern. Seit dem 01.01.2007 Bulgarien und Rumänien.

22.3.2 Arbeitnehmerüberlassung aus anderen Staaten

Gemäß § 3 Abs. 5 Satz1 AÜG erhalten Staatsangehörige anderer als EG/EWR Staaten, die sich aufgrund eines internationalen Abkommens im Geltungsbereich des Arbeitnehmerüberlassungsgesetzes niederlassen und hierbei sowie bei ihrer Geschäftstätigkeit nicht weniger günstiger behandelt werden dürfen als deutsche Staatsangehörige, die Erlaubnis unter den gleichen Voraussetzungen wie deutsche Staatsangehörige.

Dies gilt derzeit für Staatsangehörige / Unternehmen aus der Ukraine und der Türkei.

Gemäß § 3 Abs. 2 AÜG haben Verleiher aus allen anderen Staaten, die nicht Mitglied der EG/EWR oder entsprechend assoziiert sind, keinen Anspruch auf eine Erlaubnis zur Arbeitnehmerüberlassung.

22.3.3 Gleichstellungsgebot

Zeitarbeitsunternehmen aus dem Ausland sind gleichermaßen wie deutsche Unternehmen an den Equal-Pay / Equal Treatment Grundsatz gebunden bzw. können unter den gleichen Voraussetzungen davon abweichen, wenn sie einen ausländischen Tarifvertrag anwenden, der etwa die gleichen Mindestanforderungen wie ein Deutscher Tarifvertrag erfüllt.

22.3.4 „Huckepack-Verleih“ nach Deutschland

In Deutschland erlaubnisfrei ist der sog. „Huckepack-Verleih“, bei dem die Arbeitnehmerüberlassung nur im Ausland und der - grenzüberschreitende - Einsatz des Arbeitnehmers in Deutschland nur im Rahmen einer einfachen Entsendung stattfinden. Da darin keine Arbeitnehmerüberlassung ins Ausland vorliegt, sondern nur eine Entsendung vom Ausland nach Deutschland liegt kein erlaubnispflichtiger Verleih vor.

23 Straftaten und Ordnungswidrigkeiten

23.1 Straftatbestand Ausländerbeschäftigung

Strafrechtliche Folgen drohen Verleiher und Entleiher nur im Zusammenhang mit illegaler Ausländerbeschäftigung.

23.1.1 Strafbarkeit des Verleihers

Wer als Verleiher einen Ausländer, der einen erforderlichen Aufenthaltstitel nach § 4 Abs. 3 des Aufenthaltsgesetzes, eine Aufenthaltsgestattung oder eine Duldung, die zur Ausübung der Beschäftigung berechtigen, oder eine Genehmigung nach § 284 Abs. 1 SGB III nicht besitzt, entgegen § 1 AÜG einem Dritten ohne Erlaubnis überlässt, wird mit Freiheitsstrafe bis zu drei Jahren oder mit Geldstrafe bestraft. In besonders schweren Fällen liegt die Strafe (Freiheitsstrafe) zwischen sechs Monaten bis zu fünf Jahren. Ein besonders schwerer Fall liegt in der Regel vor, wenn der Täter gewerbsmäßig oder aus grobem Eigennutz handelt (§15 AÜG).

Ist eine Überlassungserlaubnis vorhanden, richtet sich die Strafbarkeit des Verleihers nach den §§ 10, 11 SchwarzArbG (Strafrahmen wie §§ 15, 15 a AÜG).

23.1.2 Strafbarkeit des Entleihers

Wer als Entleiher einen ihm überlassenen Ausländer, der einen erforderlichen Aufenthaltstitel nach § 4 Abs. 3 des Aufenthaltsgesetzes, eine Aufenthaltsgestattung oder eine Duldung, die zur Ausübung der Beschäftigung berechtigen, oder eine Genehmigung nach § 284 Abs. 1 SGB III nicht besitzt, zu Arbeitsbedingungen des Leiharbeitsverhältnisses tätig werden lässt, die in einem auffälligen Missverhältnis zu den Arbeitsbedingungen deutscher Arbeitnehmer stehen, die die gleiche oder eine vergleichbare Tätigkeit ausüben, wird mit Freiheitsstrafe bis zu drei Jahren oder mit Gelstrafe bestraft. In besonders schweren Fällen ist die Strafe Freiheitsstrafe von sechs Monaten bis zu fünf Jahren; ein besonders schwerer Fall liegt in der Regel vor, wenn der Täter gewerbsmäßig oder aus grobem Eigennutz handelt.

Besitzt der Verleiher in diesen Fällen außerdem keine Überlassungserlaubnis, ist § 15 a AÜG nicht einschlägig. Da es in diesen Fällen gemäß § 10 Abs. 1 AÜG zu einem fingierten Arbeitsverhältnis zwischen Entleiher und Leiharbeitnehmer kommt, rückt der Entleiher selbst in die Arbeitgeberposition ein. Die Strafbarkeit richtet sich dann nach den § 10, 11 SchwarzArbG.

23.1.3 Nebenfolgen

Liegt eine Strafbarkeit vor, können noch weitere Sanktionen hinzukommen. Da in der Regel gewerbsmäßiges und damit gewinnorientiertes Handeln vorliegt, kann gemäß § 73 StGB / § 29a OWiG ein sog. Verfall angeordnet werden. Dabei wird der aus der Straftat oder der Ordnungswidrigkeit erlangte Vermögensvorteil zugunsten der Staatskasse (§ 73e StGB) eingezogen. Der Verfall erstreckt sich auch auf gezogene Nutzungen (z.B. Zinsen, Veräußerungserlöse) oder auf das, was der Täter als Ersatz infolge Zerstörung oder Beschädigung erlangt hat.

Des Weiteren kann es zu einem Ausschluss bei der Vergabe öffentlicher Aufträge für die Dauer von drei Jahren kommen (§ 21 Abs. 1 Satz 1 Ziff. 3 SchwarzArbG).

23.2 Ordnungswidrigkeiten

Die wichtigsten Ordnungswidrigkeiten sind in § 16 Abs. 1 Ziff. 1- 2 AÜG und in § 404 Abs. 2 Ziff. 3 SGB III geregelt.

23.2.1 Verleiher

Der gewerbsmäßige Verleih von Arbeitnehmern ohne Überlassungserlaubnis (§ 1 AÜG) kann mit einem Bußgeld von bis zu 25.000,- Euro geahndet werden (§ 16 Abs. 1 Ziff. 1, Abs. 2 AÜG). Dasselbe gilt, wenn der Verleiher gegen das Verbot der Überlassung von Leiharbeitnehmern ins Bauhauptgewerbe nach § 1b AÜG verstößt (§ 16 Abs. 1 Ziff. 1b, Abs. 2 AÜG).

Überlässt der Verleiher mit Überlassungserlaubnis einen ausländischen Arbeitnehmer, der einen erforderlichen Aufenthaltstitel nach § 4 Abs. 3 des Aufenthaltsgesetzes, eine Aufenthaltsgestattung oder eine Duldung, die zur Ausübung der Beschäftigung berechtigen oder eine Genehmigung nach § 284 Abs. 1 SGB III nicht besitzt, beträgt die Bußgeldandrohung nach § 404 Abs. 2 Ziff. 3, Abs. 3 SGB III sogar 500.000,- Euro.

23.2.2 Entleiher

Wird ein Arbeitnehmer entliehen ohne dass der Verleiher eine Überlassungserlaubnis besitzt, kann dies mit einer Geldbuße von bis zu 25.000,- Euro geahndet werden (§ 16 Abs. 1 Ziff. 1a, Abs. 2 AÜG). Die gleiche

Bußgeldandrohung trifft den Entleiher, wenn der überlassene Leiharbeitnehmer gegen das Verbot der Überlassung von Leiharbeitnehmern ins Bauhauptgewerbe nach § 1b AÜG entliehen wird (§ 16 Abs. 1 Ziff. 1b, Abs. 2 AÜG).

Beschäftigt der Entleiher einen ihm überlassenen Leiharbeitnehmer von einem Verleiher mit Überlassungserlaubnis, der einen erforderlichen Aufenthaltstitel nach § 4 Abs. 3 des Aufenthaltsgesetzes, eine Aufenthaltsgestattung oder eine Duldung, die zur Ausübung der Beschäftigung berechtigen, oder eine Genehmigung nach § 284 Abs. 1 SGB III nicht besitzt, kann dies mit einem Bußgeld von bis zu 500.000,- Euro geahndet werden (§ 16 Abs. 1 Ziff. 2, Abs. 2 AÜG).

Der Entleihbetrieb sollte seine Unterrichtungspflichten nach § 99 Abs. 1 BetrVG und § 14 Abs. 3 Sätze 2,3 AÜG im eigenen Interesse vollständig erfüllen. Bei wiederholten Verstößen droht ein Unterlassungsverfahren nach § 23 Abs. 3 BetrVG wegen grober Pflichtverletzung. Jeder weitere Verstoß kann mit einem Ordnungsgeld bis zu 10.000,- Euro geahndet werden. Unter Umständen muss der Arbeitgeber mit einer Anzeige durch den Betriebsrat rechnen. Denn die Verletzung der Unterrichtungspflicht erfüllt den Tatbestand einer Ordnungswidrigkeit (§ 121 BetrVG).

23.2.3 Verfolgung

Zur Verfolgung und Ahndung der Ordnungswidrigkeiten nach § 16 AÜG sind die Bundesagentur für Arbeit und die Behörden der Zollverwaltung zuständig.

Um die Verfolgung im Einzelnen durchführen zu können wird mit den folgenden Behörden zusammengearbeitet: Träger der Krankenversicherung als Einzustellen für die Sozialversicherungsbeiträge, den in § 71 des Aufenthaltsgesetzes genannten Behörden, den Finanzbehörden, den nach Landesrecht für die Verfolgung und Ahndung von Ordnungswidrigkeiten nach dem Schwarzarbeitsbekämpfungsgesetz zuständigen Behörden, den Trägern der Unfallversicherung, den für den Arbeitsschutz zuständigen Landesbehörden, den Rentenversicherungsträgern, den Trägern der Sozialhilfe.

24 Vereinigungen

24.1 International Confederation of Private Employment Agencies (Ciett)

Ciett (International Confederation of Private Employment Agencies) ist eine internationale Vereinigung von Zeitarbeitunternehmen. Gegründet wurde Ciett 1967 in Paris. Ciett vereinigt Zeitarbeitsverbände aus 30 Nationen weltweit und sechs der weltweit größten Zeitarbeitsunternehmen. Ciett ist der einzige mit der Wahrung der Interessen der Zeitarbeitsbranche beauftragte internationale Verband und als solcher bei nationalen und internationalen Organisationen und Regierungen anerkannt.

24.2 Eurociett - Der Europäische Dachverband der Zeitarbeit

Eurociett ist die europäische Organisation von Ciett, dem internationalen Dachverband der Zeitarbeit. Sie vertritt die Interessen der Zeitarbeitsbranche in Europa und ist bei nationalen Regierungen und allen europäischen Organisationen (EU, UNI-Europa, UNICEF usw.) anerkannt. Im Eurociett sind 25 europäische Zeitarbeitsverbände und sechs der weltweit größten Zeitarbeitsunternehmen organisiert. Ziel von Eurociett ist die Förderung von Beschäftigung und Integration der vormals Erwerbslosen und Arbeitssuchenden.

25 OnSite-Management

25.1 Begriff

Von OnSite-Management spricht man, wenn der Verleiher im Entleihbetrieb einen eigenen Mitarbeiter als Ansprechpartner und Koordinator bereitstellt. Je nach Anzahl der eingesetzten Arbeitnehmer steht dieser bei Bedarf oder ständig zur Verfügung. Der Koordinator kennt nicht nur die Anlagen des Entleihers aus eigener Anschauung, sondern auch die Charakteristik eines jeden Arbeitsplatzes, der für die Besetzung durch Leiharbeitnehmer in Betracht kommt. Dadurch ist dem Koordinator beim OnSite-Management eine genauere Abstimmung von Anforderungsprofil und Einsatzprofil des zu überlassenden Mitarbeiters möglich. So wird Leerlauf durch unzählige Versuche mit nicht geeignetem Personal von vornherein vermieden.

25.2 Master-Vendor und Co-Lieferanten

Eine Unterform des OnSite-Managements ist das Master-Vendor-Modell. Hier gibt es im Kundenbetrieb ebenfalls nur einen Ansprechpartner, der die Aufträge allerdings auf verschiedene externe Personaldienstleister - oftmals als „Co-Lieferanten" bezeichnet - verteilt.
Im Regelfall verpflichtet sich der Kunde, dem Master-Partner alle Aufträge anzubieten, während der Master-Partner sich zur vollständigen Auftragserfüllung verpflichtet. Ob durch ihn selbst oder durch dritte Personaldienstleister liegt allein in der Hand des Masters. Kann der Master selbst den Auftrag nicht erfüllen, so tritt er gegenüber weiteren Personaldienstleistern als Vertreter des Kunden auf und schließt im Namen des Kunden einen direkten Überlassungsvertrag ab. So wird der unzulässige Kettenverleih vermieden.

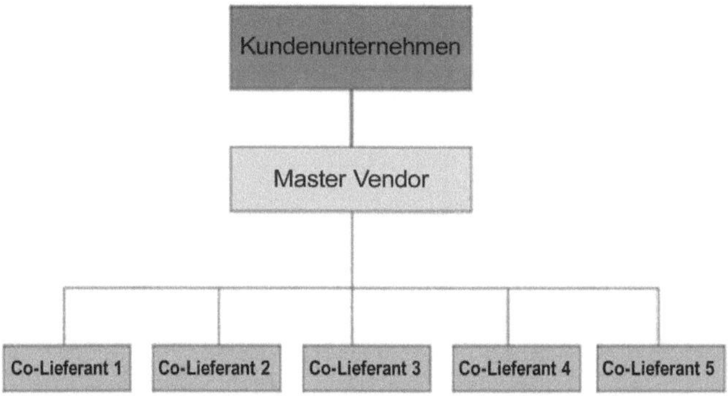

26 Weitere Formen der Personaldienstleistung

26.1 Personalberatung

Der Bereich der Personalberatung umfasst entgeltliche und unentgeltliche Beratungen von Personal-Dienstleistern für Betriebe zur Unterstützung der Personalabteilungen.

Im Regelfall wird die Personalberatung im Rahmen von Beratungsverträgen durchgeführt. Es gelten hierfür die Bestimmungen des §§ 611 ff, 145 ff. BGB. Im Rahmen der Personaldienstleistungen Zeitarbeit, Personalvermittlung, Outsourcing, Outplacement u.a. werden die Leistungen in der Regel als unselbständige Nebenleistungen honorarfrei erbracht. Die Personalberatung unterliegt keinen speziellen gesetzlichen Beschränkungen und bedarf keiner behördlichen Erlaubnis.

Zu den Leistungen eines Personalberaters gehören z.B. Neustrukturierung der Abteilungen, die Strukturierung von betrieblichen Altersversorgungssystemen, Hilfe bei betrieblichen Kommunikationsstörungen, Ideenumsetzung im Bereich Mitarbeitermotivation, Entwicklung von Modellen zur Senkung des Krankenstandes, psychologische Betreuung und Beratung bei der Personalauswahl, Erstellung von Personalauswahlverfahren, Erstellung von Arbeitszeitmodellen usw.

26.2 Interimsmanagement

Interim Management ist eine zeitlich befristete Art des betriebswirtschaftlichen Managements. Im Gegensatz zu Unternehmensberatern, die in einer Stabsstelle angesiedelt sind, versteht man unter der Personal-Dienstleistung Interimsmanagement (Management auf Zeit) die beratungsmäßige bzw. auf Führungsebene personelle Unterstützung von Unternehmen in Krisenzeiten.

Wenn das Unternehmen die Ursache seiner Krise weitgehend kennt und das Problem beim Management liegt, das nicht in der Lage ist, die Krise zu bewältigen, wird ein so genannter Interimsmanager eingesetzt. Ihm obliegt es, die notwendigen Aufgaben des sich in der Krise befindlichen Unternehmens zu lösen. Der Interimsmanager wird oft im Rahmen eines Beratungsvertrages i.S.v. § 611 ff BGB mit „Dienstleistungen höherer Art“ tätig, als Vorstand oder Geschäftsführer, aber auch andere Rechtsgestaltungen sind möglich. Die Bedarfsfälle reichen von kurzfristiger Besetzung von Vakanzen bis hin zum tiefgreifenden Veränderungsmanagement.

Interimsmanager werden eingesetzt um defizitäre Unternehmen zu sanieren, Krisen zu managen und zu bewältigen, Unternehmen verkaufsfähig zu machen, Vakanzen oder Generationswechsel zu überbrücken, Einzelprojekte zu leiten, neue Projekte einzuführen, Tochtergesellschaften aufzubauen usw. Interimsmanager sind erfahrene Praktiker, die im Hinblick auf die zu lösende Aufgabe überqualifiziert sein sollten. Sie zeichnen sich durch große Effektivität in der Umsetzung der Sanierungskonzepte ihres Klienten aus, ergänzen somit die analytisch ausgerichteten Beratungskonzepte.

Interim Manager verlassen das Unternehmen, sobald das Problem gelöst und eine stabile neue Unternehmens- oder Bereichsführung etabliert ist.

26.3 Outplacement

Unter Outplacement versteht man beim Abbau von Personal den Versuch des Arbeitgebers, Mitarbeiter durch Beauftragung eines externen Personal-Dienstleisters planvoll in eine neue berufliche Tätigkeit zu überführen. Der Personal-Dienstleister verpflichtet sich gegenüber dem Auftraggeber gegen ein vereinbartes Entgelt zu entsprechenden Bemühungen. Dabei handelt es sich um einen Vertrag i.S.v. §§ 611 ff. BGB. Outplacement ist eine Sonderform der Personalberatung, die im Idealfall in eine Personalvermittlung mündet.

Outplacementberater helfen dem Stellensuchenden bei der Analyse und Bestandsaufnahme, das heißt sie erstellen ein Qualifikationsprofil, ermitteln den Weiterbildungsbedarf und empfehlen von Bildungsträgern unabhängige, individuelle Qualifizierungsmaßnahmen. Als nächsten Schritt entwickeln sie zusammen mit dem Arbeitssuchenden eine individuelle Bewerbungsstrategie, führen Bewerbertraining durch oder auch Existenzgründungsberatungen. Insbesondere bezieht sich die Dienstleistung des Outplacementberaters auf die psycho-soziale Unterstützung des ausscheidenden Mitarbeiters. Durch Gespräche soll die meist angespannte Lage zwischen bisherigem Arbeitgeber und Mitarbeiter entschärft, die oft als Existenzbedrohung empfundene Trennung positiv verarbeitet werden und neue berufliche Ziele definiert werden.

26.4 Outsourcing

Outsourcing bedeutet die mittel- bis langfristige, d.h. dauerhafte Nutzung von externen Dienstleistungs- oder Produktionsangeboten anstelle bisheriger unternehmensinterner Leistungen. Davon ist die vertragliche Übertragung von Aufgaben an Dritte bis hin zur Auslagerung ganzer Abteilungen erfasst. Zur Vertragserfüllung werden von dem Dritten als Personal-Dienstleister dessen Mitarbeiter und Knowhow, sowie oft auch das gesamte Equipment, das für die Leistungserbringung notwendig ist, gestellt. Die Arbeiten der ausgelagerten Bereiche werden im Rahmen von Werk- oder auch Dienstverträgen im Sinne des §§ 631 ff., 611 ff. BGB zeitlich befristet oder unbefristet ausgeführt. Der Personal-Dienstleiter übernimmt für die Erfüllung seiner vertraglichen Aufgaben die volle Gewährleistung bzw. Haftung.

Outsourcing erfolgt meist mit dem Ziel der wirtschaftlichen Optimierung des eigenen Unternehmens durch Konzentration auf das Kerngeschäft.

Neben einem schlankeren Management / Administration, mehr Kostentransparenz und Kostenentlastung, ermöglicht Outsourcing dem auslagernden Betrieb die dauerhafte Abgabe von Verantwortung und Organisation für bestimmte Bereiche sowie Erfolgsgarantie und Gewähr für die Durchführung bestehender Aufgabe. Auch Tarifverträge oder gesetzliche Mitbestimmungsrechte können Anlass für Outsourcing sein.

Ausgelagert werden komplette Tätigkeitsbereiche in Büro und Verwaltung, im Vertrieb, im EDV-Bereich, in der Logistik, im Fertigungsprozess sowie im Gebäude-Management (wie z.B. Telefonzentrale, Empfang, Poststelle, Pförtnerdienst, Servicecenter, Lagerbewirtschaftung, Warenverteilung, Warenbereitstellung, Montage, Wartung, Konstruktion, Verkaufspromotion, Verkaufsförderung, Telefonmarketing, Außendienstkontrolle, Call-Center, Digital-Optische Archivierung, Arbeitnehmerbewirtung, Reinigung).

27 Prüfungspraxis der Regionaldirektionen

Zeitarbeitsunternehmen werden regelmäßig von der für Sie zuständigen Regionaldirektion kontrolliert. Grundlage hierfür sind die Durchführungsanweisungen der Bundesagentur für Arbeit zum Arbeitnehmerüberlassungsgesetz.

Bei Verstößen können Auflagen erteilt und erteilte Erlaubnisse widerrufen werden.

27.1 Schwerpunkte bei den Prüfungen

Der Schwerpunkt der Prüfungen durch die Regionaldirektionen liegt hauptsächlich darin, ob ein Verstoß gegen § 3 Abs. 1 und Abs. 2 AÜG vorliegt.

Dazu gehören insbesondere die folgenden Prüfungspunkte:

- Anwendung von Tarifverträgen im Sinne des § 3 Abs. 1 Nr. 3 AÜG; ansonsten Einfordern des Gleichstellungsgrundsatzes;
- Korrekte Einstufung des Leiharbeitnehmers gemäß der tatsächlich ausgeübten Tätigkeit aufgrund der im Tarifvertrag bezeichneten Tätigkeitsmerkmale;
- Gewährung von Mindestlöhnen nach dem Arbeitnehmerentsendegesetz;
- Gewährung von Aufwendungsersatz;
- Vollständigkeit von Vertragsunterlagen (Arbeitsverträge, Zusatzvereinbarungen, Aufhebungsverträge, Arbeitnehmerüberlassungsverträge, Änderungen);
- Nachweis über Aushändigung des aktuellen Merkblattes der Bundesagentur für Arbeit;
- Beachtung der Regelungen zum Teilzeit- und Befristungsgesetz;
- Entgeltfortzahlung im Krankheitsfall;
- Urlaubsgewährung und Vergütung, Urlaubsabgeltung;
- Beachtung der Pfändungsfreibeträge beim Arbeitsentgelt (keine Aufrechnung mit Ansprüchen auf Vertragsstrafe);
- Beachtung des Kündigungsschutzgesetzes;
- Beachtung der gesetzlichen Mindestkündigungsfristen;
- Beachtung der Rechtsgrundsätze über Zulässigkeit einer fristlosen Kündigung;
- Besondere Auffälligkeiten hinsichtlich Arbeitsschutz / Arbeitssicherheit / arbeitsmedizinische Untersuchungen, Einhaltung der Vorschriften des Arbeitsschutzrechts, insbesondere nach dem Arbeitszeitgesetz, Mutterschutzgesetz, Jugendarbeitsschutzgesetz, Arbeitssicherheitsge-

setz, Arbeitsschutzgesetz sonstigen öffentlich-rechtlichen Arbeitsschutzbestimmungen und der Unfallverhütungsvorschriften;

- Einhaltung der gesetzlichen Bestimmungen des Sozialversicherungsrechts, wie Anmeldung der Beiträge zur Kranken-, Renten- und Pflegeversicherung bzw. zur BA, Abführung der Beiträge zur Unfallversicherung, Einhaltung der Melde-, Anzeige- und Auskunftspflichten, Abführung der Sozialkassenbeiträge an die Urlaubs- und Lohnausgleichskassen;
- Abführung der Lohnsteuer;
- Einhaltung der Vorschriften des SGB III über die Arbeitsvermittlung und die Ausländerbeschäftigung (§ 284 ff SGB III);
- Einhaltung der arbeitsrechtlichen Pflichten, insbes. die Einhaltung der Bestimmungen des § 11 AÜG und des Nachweisgesetzes, regelmäßigen Zahlung des Arbeitsentgelts, Entgeltfortzahlung, Einhaltung der Fürsorgepflichten, Urlaubsgewährung, Beachtung des Kündigungsschutzgesetzes, Erfüllung der Pflichten nach dem SGB IX (Rehabilitation und Teilhabe behinderter Menschen), Einhaltung der besonderen Pflichten nach den §§ 9 bis 11 AÜG;
- Keine Umgehung des arbeitgeberseitigen Annahmeverzugs.

Unabhängig davon muss die Erlaubnisbehörde in der Lage sein, weitergehende Prüfaktivitäten situationsangepasst im Rahmen des gesetzlichen Auftrages durchführen zu können.

27.2 Personalakten

Für jeden Leiharbeitnehmer hat der Verleiher eine Personalakte anzulegen und zu führen, in der das gesamte Arbeitsverhältnis von seinem Beginn bis zur Beendigung zu dokumentieren ist.

Zweckmäßiger Inhalt einer Personalakte:

- Aktuelle Einsatzinformation,
- Arbeitsvertrag, ggfs. Ausländischer Arbeitsvertrag,
- Merkblatt Bundesagentur für Arbeit,
- Änderungsverträge,
- Vertragsverlängerungen,
- Zusatzvereinbarungen zum Arbeitsvertrag,
- Ausweiskopie / Kopie Reisepass,
- Gültiger Aufenthaltstitel, gültige Arbeitserlaubnis,
- Schriftverkehr mit dem Leiharbeitnehmer,
- Schriftverkehr mit öffentlichen Stellen die das Arbeitsverhältnis betreffen (z.B. Förderungen durch Bundesagentur für Arbeit, Krankenkasse),

- Nachweis Durchführung erforderlicher arbeitsmedizinischer Vorsorgeuntersuchungen, Belehrung nach § 42, 43 Infektionsschutzgesetz (Vorsicht bei der Abheftung von Dokumenten zum Gesundheitszustand des Leiharbeitnehmers),
- Nachweis Ausgabe Schutzausrüstung soweit erforderlich,
- VBG-Fragebogen, Arbeitsschutzmerkblätter (können über die VBG bezogen werden),
- Nachweis der jährlichen Unterweisung zur Arbeitssicherheit,
- Sonstige Unterweisungen, Merkblätter, Belehrungen,
- Kopie Unfallanzeigen,
- Lebenslauf des Leiharbeitnehmers,
- Qualifikationsnachweise des Leiharbeitnehmers (Abschlusszeugnis, Facharbeiterbrief, Zeugnisse usw.),
- Kopie des Führerscheins,
- Ggfs. Kopie des Schwerbehindertenausweis;
- Bei Studenten / Schüler: Schulbescheinigung / Immatrikulationsbescheinigung,
- Vorbeschäftigungsnachweis,
- Urlaubsbescheinigung des vorherigen Arbeitgebers,
- Mitgliedsbescheinigung Krankenkasse,
- Kopie des Sozialversicherungsausweis,
- Lohnsteuerkarte; ggfs. Zwischenbescheinigung Vorarbeitgeber;
- Lohnpfändungen,
- Schwangerschaft: Bescheinigung über Schwangerschaft, Meldung Gewerbeaufsichtsamt und Betriebsrat, Bescheinigung über Mutterschaftsgeld, Antrag über Elternzeit,
- Abmahnungen,
- Betriebsratsanhörungen falls Betriebsrat vorhanden,
- Kündigungen / Aufhebungsverträge,
- Nach Austritt: Arbeitsbescheinigung Bundesagentur für Arbeit, Einsatznachweis.

27.3 Betriebsorganisation

Die Regionaldirektion überprüft zudem, ob eine hinreichende betriebliche Organisation vorliegt Insbesondere bei Feststellung eines Verstoßes, muss das Zeitarbeitsunternehmen in der Lage sein, darzulegen wie in Zukunft durch einen festen organisatorischen Rahmen mögliche Verstöße verhindert werden sollen, wie z.B. durch ein Organisationshandbuch und der regelmäßigen Überprüfung der Einhaltung.

27.4 Aufbewahrungspflichten des Verleihers

Gemäß § 7 Abs. 2 Satz 4 AÜG hat der Verleiher seine Geschäftsunterlagen drei Jahre lang aufzubewahren. Verstöße können als Ordnungswidrigkeit mit Geldbuße bis zu 500,- Euro geahndet werden (§ 16 Abs. 2 AÜG). Diese Aufbewahrungspflicht des Verleihers soll das Nachprüfungsrecht der Regionaldirektionen absichern. Daher sind alle Geschäftsunterlagen aufzubewahren, die einen Bezug zu der vom Verleiher betriebenen Arbeitnehmerüberlassung haben, wie z.B. Leiharbeitsverträge, Arbeitnehmerüberlassungsverträge, sämtlicher Schriftverkehr mit Vertragspartnern und Behörden, Lohnabrechnungen, Jahresabschlüsse, Belege über die Abführung von Sozialversicherungsbeiträgen und Steuerbescheide.

Die Aufbewahrungspflicht nach § 7 Abs. 2 Satz 4 AÜG besteht unabhängig von einer Verpflichtung zur Aufbewahrung der Geschäftsunterlagen die sich aus anderen Gesetzen ergibt, wie z.B. § 147 Abs. 3 AO (10 bzw. 6 Jahre).

27.5 Selbstanzeige

In den Fällen, in denen bereits vor dem Antrag auf Erteilung einer Erlaubnis zur gewerbsmäßigen Arbeitnehmerüberlassung ein Versagungstatbestand verwirklicht wurde, muss im Rahmen des Erlaubnisverfahrens gegenüber der zuständigen Regionaldirektion nachvollziehbar dargelegt werden, warum hieraus nicht mehr auf eine mangelnde Zuverlässigkeit des Antragstellers geschlossen werden kann.

Sollte dagegen der Verleiher einen Versagungstatbestand verwirklichen, wenn er bereits über eine befristete oder gar unbefristete Erlaubnis zur Arbeitnehmerüberlassung verfügt, stellt sich die Frage, ob es zweckmäßig ist, den Verstoß gegen gesetzliche Vorschriften durch eine Selbstanzeige gegenüber der zuständigen Regionaldirektion zu offenbaren. Eine Selbstanzeige kann insbesondere dann zweckmäßig sein, wenn damit zu rechnen ist, dass die Regionaldirektion den Verstoß durch Dritte erfährt, der Verstoß bei einer zu erwartenden Prüfung offenkundig werden würde sowie die schwere und Dauer des Verstoßes. Im Falle einer Selbstanzeige sollte aber zudem gegenüber der Regionaldirektion dargelegt werden können, welche organisatorischen Maßnahmen im Betrieb getroffen wurden um solche Verstöße zukünftig zu vermeiden (s. auch Betriebsorganisation).

28 Auswahl von Zeitarbeitsfirmen

Bei der Auswahl und der Zusammenarbeit mit Zeitarbeitsunternehmen sowohl aus der Sicht von potentiellen Leiharbeitnehmern als auch potentiellen Entleihern sollten folgende Punkte berücksichtigt werden.

28.1 Behördliche Erlaubnis

Jedes Zeitarbeitsunternehmen benötigt eine behördliche Erlaubnis zur gewerbsmäßigen Arbeitnehmerüberlassung. Die entsprechende Urkunde hängt oftmals in den Geschäftsstellen aus oder kann auf Verlangen eingesehen werden.

28.2 Anwendung eines Tarifvertrages

Viele Zeitarbeitsunternehmen sind Mitglieder einer Tarifvertragspartei und müssen daher die entsprechenden Tarifverträge vollumfänglich anwenden. Aber auch zwischen den einzelnen Tarifvertragsparteien gibt es Unterschiede die es zu beachten gilt.

28.3 Ordnungsgemäße Betriebsorganisation

Die Erlaubnis zur gewerbsmäßigen Arbeitnehmerüberlassung bescheinigt auch das Vorliegen der ordnungsgemäßen Betriebsorganisation. Diese wird sich in der Regel auch schon rein optisch durch ordentliche Geschäftsräume und angemessene Umgangsformen mit Kunden und den Mitarbeitern zeigen.

28.4 Unbedenklichkeitsbescheinigung

Der Entleiher sollte sich vom Verleiher Unbedenklichkeitsbescheinigungen der Krankenkasse, der Berufsgenossenschaft sowie des Finanzamtes vorzeigen lassen. Insbesondere bei längeren Überlassungen sollte regelmäßig die Vorlage aktueller Unbedenklichkeitsbescheinigungen verlangt werden. Denn die Unbedenklichkeitsbescheinigungen schützen nicht, wenn während der laufenden Überlassung Rückstande auftreten.

28.5 Merkblatt Leiharbeitnehmer

Das Zeitarbeitsunternehmen ist verpflichtet, Zeitarbeitnehmern bei Vertragsabschluss ein Merkblatt der Bundesanstalt für Arbeit über den wesentlichen Inhalt des AÜG auszuhändigen, bei Ausländern in deren Muttersprache. Dieses Merkblatt sollte sorgfältig durchgelesen werden, bevor der Arbeitsvertrag unterzeichnet wird.

28.6 Arbeitsverhältnisse

Das Zeitarbeitsunternehmen übernimmt alle üblichen Arbeitgeberpflichten einschließlich des gesamten Arbeitsschutzrechtes (z.B. Kündigungsschutz, Mutterschutz-, Erziehungsgeldgesetz).

Sollte das Zeitarbeitsunternehmen einmal keinen Einsatz bei einem Kundenunternehmen haben, so erhält der Zeitarbeitnehmer gleichwohl die im Arbeitsvertrag vereinbarte Vergütung.

Nach § 11 Abs.1 AÜG muss der Zeitarbeitsunternehmer den wesentlichen Inhalt des Arbeitsverhältnisses in eine von ihm zu unterzeichnende Urkunde aufnehmen. Bei Ausländern erfolgt die Abfassung der Urkunde auf Verlangen in deren Muttersprache.

Anhang

Gesetz zur Regelung der gewerbsmäßigen Arbeitnehmerüberlassung (Arbeitnehmerüberlassungsgesetz - AÜG)

AÜG

Ausfertigungsdatum: 07.08.1972

Vollzitat:

"Arbeitnehmerüberlassungsgesetz in der Fassung der Bekanntmachung vom 3. Februar 1995 (BGBl. I S. 158), das zuletzt durch Artikel 16 u. Artikel 19 Absatz 6 des Gesetzes vom 2. März 2009 (BGBl. I S. 416) geändert worden ist"

Stand: Neugefasst durch Bek. v. 3. 2.1995 I 158;

zuletzt geändert durch Art. 16 u. Art. 19 Abs. 6 G v. 2.3.2009 I 416

Fußnote

Textnachweis Geltung ab: 1.1.1982 Ergänzung aufgrund EinigVtr Artikel 1 § 20

Das G wurde als Artikel 1 G v. 7.8.1972 I 1393 vom Bundestag mit Zustimmung des Bundesrates beschlossen. Es ist gem. Art. 6 § 4 dieses G mWv 11.10.1972 in Kraft getreten.

Überschrift: IdF d. Art. 63 G v. 24.3.1997 I 594 mWv 1.4.1997

§ 1 Erlaubnispflicht

(1) Arbeitgeber, die als Verleiher Dritten (Entleihern) Arbeitnehmer (Leiharbeitnehmer) gewerbsmäßig zur Arbeitsleistung überlassen wollen, bedürfen der Erlaubnis. Die Abordnung von Arbeitnehmern zu einer zur Herstellung eines Werkes gebildeten Arbeitsgemeinschaft ist keine Arbeitnehmerüberlassung, wenn der Arbeitgeber Mitglied der Arbeitsgemeinschaft ist, für alle Mitglieder der Arbeitsgemeinschaft Tarifverträge desselben Wirtschaftszweiges gelten und alle Mitglieder auf Grund des Arbeitsgemeinschaftsvertrages zur selbständigen Erbringung von Vertragsleistungen verpflichtet sind. Für einen Arbeitgeber mit Geschäftssitz in einem anderen Mitgliedstaat des Europäischen Wirtschaftsraumes ist die Abordnung von Arbeitnehmern zu einer zur Herstellung eines Werkes gebildeten Arbeitsgemeinschaft auch dann keine Arbeitnehmerüberlassung, wenn für ihn deutsche Tarifverträge desselben Wirtschaftszweiges

wie für die anderen Mitglieder der Arbeitsgemeinschaft nicht gelten, er aber die übrigen Voraussetzungen des Satzes 2 erfüllt.

(2) Werden Arbeitnehmer Dritten zur Arbeitsleistung überlassen und übernimmt der Überlassende nicht die üblichen Arbeitgeberpflichten oder das Arbeitgeberrisiko (§ 3 Abs. 1 Nr. 1 bis 3), so wird vermutet, daß der Überlassende Arbeitsvermittlung betreibt.

(3) Dieses Gesetz ist mit Ausnahme des § 1b Satz 1, des § 16 Abs. 1 Nr. 1b und Abs. 2 bis 5 sowie der §§ 17 und 18 nicht anzuwenden auf die Arbeitnehmerüberlassung

1. zwischen Arbeitgebern desselben Wirtschaftszweiges zur Vermeidung von Kurzarbeit oder Entlassungen, wenn ein für den Entleiher und Verleiher geltender Tarifvertrag dies vorsieht,

2. zwischen Konzernunternehmen im Sinne des § 18 des Aktiengesetzes, wenn der Arbeitnehmer seine Arbeit vorübergehend nicht bei seinem Arbeitgeber leistet, oder

3. in das Ausland, wenn der Leiharbeitnehmer in ein auf der Grundlage zwischenstaatlicher Vereinbarungen begründetes deutsch-ausländisches Gemeinschaftsunternehmen verliehen wird, an dem der Verleiher beteiligt ist.

§ 1a Anzeige der Überlassung

(1) Keiner Erlaubnis bedarf ein Arbeitgeber mit weniger als 50 Beschäftigten, der zur Vermeidung von Kurzarbeit oder Entlassungen an einen Arbeitgeber einen Arbeitnehmer bis zur Dauer von zwölf Monaten überläßt, wenn er die Überlassung vorher schriftlich der Bundesagentur für Arbeit angezeigt hat.

(2) In der Anzeige sind anzugeben

1. Vor- und Familiennamen, Wohnort und Wohnung, Tag und Ort der Geburt des Leiharbeitnehmers,

2. Art der vom Leiharbeitnehmer zu leistenden Tätigkeit und etwaige Pflicht zur auswärtigen Leistung,

3. Beginn und Dauer der Überlassung,

4. Firma und Anschrift des Entleihers.

§ 1b Einschränkungen im Baugewerbe

Gewerbsmäßige Arbeitnehmerüberlassung in Betriebe des Baugewerbes für Arbeiten, die üblicherweise von Arbeitern verrichtet werden, ist unzulässig. Sie ist gestattet

a) zwischen Betrieben des Baugewerbes und anderen Betrieben, wenn diese Betriebe erfassende, für allgemeinverbindlich erklärte Tarifverträge dies bestimmen,

b) zwischen Betrieben des Baugewerbes, wenn der verleihende Betrieb nachweislich seit mindestens drei Jahren von denselben Rahmen- und Sozialkassentarifverträgen oder von deren Allgemeinverbindlichkeit erfasst wird.

Abweichend von Satz 2 ist für Betriebe des Baugewerbes mit Geschäftssitz in einem anderen Mitgliedstaat des Europäischen Wirtschaftsraumes gewerbsmäßige Arbeitnehmerüberlassung auch gestattet, wenn die ausländischen Betriebe nicht von deutschen Rahmen- und Sozialkassentarifverträgen oder für allgemeinverbindlich erklärten Tarifverträgen erfasst werden, sie aber nachweislich seit mindestens drei Jahren überwiegend Tätigkeiten ausüben, die unter den Geltungsbereich derselben Rahmen- und Sozialkassentarifverträge fallen, von denen der Betrieb des Entleihers erfasst wird.

§ 2 Erteilung und Erlöschen der Erlaubnis

(1) Die Erlaubnis wird auf schriftlichen Antrag erteilt.

(2) Die Erlaubnis kann unter Bedingungen erteilt und mit Auflagen verbunden werden, um sicherzustellen, daß keine Tatsachen eintreten, die nach § 3 die Versagung der Erlaubnis rechtfertigen. Die Aufnahme, Änderung oder Ergänzung von Auflagen sind auch nach Erteilung der Erlaubnis zulässig.

(3) Die Erlaubnis kann unter dem Vorbehalt des Widerrufs erteilt werden, wenn eine abschließende Beurteilung des Antrags noch nicht möglich ist.

(4) Die Erlaubnis ist auf ein Jahr zu befristen. Der Antrag auf Verlängerung der Erlaubnis ist spätestens drei Monate vor Ablauf des Jahres zu stellen. Die Erlaubnis verlängert sich um ein weiteres Jahr, wenn die Erlaubnisbehörde die Verlängerung nicht vor Ablauf des Jahres ablehnt. Im Fall der Ablehnung gilt die Erlaubnis für die Abwicklung der nach § 1 erlaubt abgeschlossenen Verträge als fortbestehend, jedoch nicht länger als zwölf Monate.

(5) Die Erlaubnis kann unbefristet erteilt werden, wenn der Verleiher drei aufeinanderfolgende Jahre lang nach § 1 erlaubt tätig war. Sie erlischt, wenn der Verleiher von der Erlaubnis drei Jahre lang keinen Gebrauch gemacht hat.

§ 2a Kosten

(1) Für die Bearbeitung von Anträgen auf Erteilung und Verlängerung der Erlaubnis werden vom Antragsteller Kosten (Gebühren und Auslagen) erhoben.

(2) Die Vorschriften des Verwaltungskostengesetzes sind anzuwenden. Die Bundesregierung wird ermächtigt, durch Rechtsverordnung die gebührenpflichtigen Tatbestände näher zu bestimmen und dabei feste Sätze und Rahmensätze vorzusehen. Die Gebühr darf im Einzelfall 2.500 Euro nicht überschreiten.

§ 3 Versagung

(1) Die Erlaubnis oder ihre Verlängerung ist zu versagen, wenn Tatsachen die Annahme rechtfertigen, daß der Antragsteller

1. die für die Ausübung der Tätigkeit nach § 1 erforderliche Zuverlässigkeit nicht besitzt, insbesondere weil er die Vorschriften des Sozialversicherungsrechts, über die Einbehaltung und Abführung der Lohnsteuer, über die Arbeitsvermittlung, über die Anwerbung im Ausland oder über die Ausländerbeschäftigung, die Vorschriften des Arbeitsschutzrechts oder die arbeitsrechtlichen Pflichten nicht einhält;

2. nach der Gestaltung seiner Betriebsorganisation nicht in der Lage ist, die üblichen Arbeitgeberpflichten ordnungsgemäß zu erfüllen;

3. dem Leiharbeitnehmer für die Zeit der Überlassung an einen Entleiher die im Betrieb dieses Entleihers für einen vergleichbaren Arbeitnehmer des Entleihers geltenden wesentlichen Arbeitsbedingungen einschließlich des Arbeitsentgelts nicht gewährt, es sei denn, der Verleiher gewährt dem zuvor arbeitslosen Leiharbeitnehmer für die Überlassung an einen Entleiher für die Dauer von insgesamt höchstens sechs Wochen mindestens ein Nettoarbeitsentgelt in Höhe des Betrages, den der Leiharbeitnehmer zuletzt als Arbeitslosengeld erhalten hat; Letzteres gilt nicht, wenn mit demselben Verleiher bereits ein Leiharbeitsverhältnis bestanden hat. Ein Tarifvertrag kann abweichende Regelungen zulassen. Im Geltungsbereich eines solchen Tarifvertrages können nicht tarifgebundene Arbeitgeber und Arbeitnehmer die Anwendung der tariflichen Regelungen vereinbaren.

(2) Die Erlaubnis oder ihre Verlängerung ist ferner zu versagen, wenn für die Ausübung der Tätigkeit nach § 1 Betriebe, Betriebsteile oder Nebenbetriebe vorgesehen sind, die nicht in einem Mitgliedstaat der Europäischen Wirtschaftsgemeinschaft oder einem anderen Vertragsstaat des Abkommens über den Europäischen Wirtschaftsraum liegen.

(3) Die Erlaubnis kann versagt werden, wenn der Antragsteller nicht Deutscher im Sinne des Artikels 116 des Grundgesetzes ist oder wenn eine Gesellschaft oder juristische Person den Antrag stellt, die entweder nicht nach deutschem Recht gegründet ist oder die weder ihren satzungsmäßigen Sitz noch ihre Hauptverwaltung noch ihre Hauptniederlassung im Geltungsbereich dieses Gesetzes hat.

(4) Staatsangehörige der Mitgliedstaaten der Europäischen Wirtschaftsgemeinschaft oder eines anderen Vertragsstaates des Abkommens über den Europäischen Wirtschaftsraum erhalten die Erlaubnis unter den gleichen Voraussetzungen wie deutsche Staatsangehörige. Den Staatsangehörigen dieser Staaten stehen gleich Gesellschaften und juristische Personen, die nach den Rechtsvorschriften dieser Staaten gegründet sind und ihren satzungsgemäßen Sitz, ihre Hauptverwaltung oder ihre Hauptniederlassung innerhalb dieser Staaten haben. Soweit diese Gesellschaften oder juristische Personen zwar ihren satzungsmäßigen Sitz, jedoch weder ihre Hauptverwaltung noch ihre Hauptniederlassung innerhalb dieser Staaten haben, gilt Satz 2 nur, wenn ihre Tätigkeit in tatsächlicher und dauerhafter Verbindung mit der Wirtschaft eines Mitgliedstaates oder eines Vertragsstaates des Abkommens über den Europäischen Wirtschaftsraum steht.

(5) Staatsangehörige anderer als der in Absatz 4 genannten Staaten, die sich aufgrund eines internationalen Abkommens im Geltungsbereich dieses Gesetzes niederlassen und hierbei sowie bei ihrer Geschäftstätigkeit nicht weniger günstig behandelt werden dürfen als deutsche Staatsangehörige, erhalten die Erlaubnis unter den gleichen Voraussetzungen wie deutsche Staatsangehörige. Den Staatsangehörigen nach Satz 1 stehen gleich Gesellschaften, die nach den Rechtsvorschriften des anderen Staates gegründet sind.

§ 4 Rücknahme

(1) Eine rechtswidrige Erlaubnis kann mit Wirkung für die Zukunft zurückgenommen werden. § 2 Abs. 4 Satz 4 gilt entsprechend.

(2) Die Erlaubnisbehörde hat dem Verleiher auf Antrag den Vermögensnachteil auszugleichen, den dieser dadurch erleidet, daß er auf den Bestand der Erlaubnis vertraut hat, soweit sein Vertrauen unter Abwägung mit dem

öffentlichen Interesse schutzwürdig ist. Auf Vertrauen kann sich der Verleiher nicht berufen, wenn er

1. die Erlaubnis durch arglistige Täuschung, Drohung oder eine strafbare Handlung erwirkt hat;

2. die Erlaubnis durch Angaben erwirkt hat, die in wesentlicher Beziehung unrichtig oder unvollständig waren, oder

3. die Rechtswidrigkeit der Erlaubnis kannte oder infolge grober Fahrlässigkeit nicht kannte.

Der Vermögensnachteil ist jedoch nicht über den Betrag des Interesses hinaus zu ersetzen, das der Verleiher an dem Bestand der Erlaubnis hat. Der auszugleichende Vermögensnachteil wird durch die Erlaubnisbehörde festgesetzt. Der Anspruch kann nur innerhalb eines Jahres geltend gemacht werden; die Frist beginnt, sobald die Erlaubnisbehörde den Verleiher auf sie hingewiesen hat.

(3) Die Rücknahme ist nur innerhalb eines Jahres seit dem Zeitpunkt zulässig, in dem die Erlaubnisbehörde von den Tatsachen Kenntnis erhalten hat, die die Rücknahme der Erlaubnis rechtfertigen.

§ 5 Widerruf

(1) Die Erlaubnis kann mit Wirkung für die Zukunft widerrufen werden, wenn

1. der Widerruf bei ihrer Erteilung nach § 2 Abs. 3 vorbehalten worden ist;

2. der Verleiher eine Auflage nach § 2 nicht innerhalb einer ihm gesetzten Frist erfüllt hat;

3. die Erlaubnisbehörde aufgrund nachträglich eingetretener Tatsachen berechtigt wäre, die Erlaubnis zu versagen, oder

4. die Erlaubnisbehörde aufgrund einer geänderten Rechtslage berechtigt wäre, die Erlaubnis zu versagen; § 4 Abs. 2 gilt entsprechend.

(2) Die Erlaubnis wird mit dem Wirksamwerden des Widerrufs unwirksam. § 2 Abs. 4 Satz 4 gilt entsprechend.

(3) Der Widerruf ist unzulässig, wenn eine Erlaubnis gleichen Inhalts erneut erteilt werden müßte.

(4) Der Widerruf ist nur innerhalb eines Jahres seit dem Zeitpunkt zulässig, in dem die Erlaubnisbehörde von den Tatsachen Kenntnis erhalten hat, die den Widerruf der Erlaubnis rechtfertigen.

§ 6 Verwaltungszwang

Werden Leiharbeitnehmer von einem Verleiher ohne die erforderliche Erlaubnis überlassen, so hat die Erlaubnisbehörde dem Verleiher dies zu untersagen und das weitere Überlassen nach den Vorschriften des Verwaltungsvollstreckungsgesetzes zu verhindern.

§ 7 Anzeigen und Auskünfte

(1) Der Verleiher hat der Erlaubnisbehörde nach Erteilung der Erlaubnis unaufgefordert die Verlegung, Schließung und Errichtung von Betrieben, Betriebsteilen oder Nebenbetrieben vorher anzuzeigen, soweit diese die Ausübung der Arbeitnehmerüberlassung zum Gegenstand haben. Wenn die Erlaubnis Personengesamtheiten, Personengesellschaften oder juristischen Personen erteilt ist und nach ihrer Erteilung eine andere Person zur Geschäftsführung oder Vertretung nach Gesetz, Satzung oder Gesellschaftsvertrag berufen wird, ist auch dies unaufgefordert anzuzeigen.

(2) Der Verleiher hat der Erlaubnisbehörde auf Verlangen die Auskünfte zu erteilen, die zur Durchführung des Gesetzes erforderlich sind. Die Auskünfte sind wahrheitsgemäß, vollständig, fristgemäß und unentgeltlich zu erteilen. Auf Verlangen der Erlaubnisbehörde hat der Verleiher die geschäftlichen Unterlagen vorzulegen, aus denen sich die Richtigkeit seiner Angaben ergibt, oder seine Angaben auf sonstige Weise glaubhaft zu machen. Der Verleiher hat seine Geschäftsunterlagen drei Jahre lang aufzubewahren.

(3) In begründeten Einzelfällen sind die von der Erlaubnisbehörde beauftragten Personen befugt, Grundstücke und Geschäftsräume des Verleihers zu betreten und dort Prüfungen vorzunehmen. Der Verleiher hat die Maßnahmen nach Satz 1 zu dulden. Das Grundrecht der Unverletzlichkeit der Wohnung (Artikel 13 des Grundgesetzes) wird insoweit eingeschränkt.

(4) Durchsuchungen können nur auf Anordnung des Richters bei dem Amtsgericht, in dessen Bezirk die Durchsuchung erfolgen soll, vorgenommen werden. Auf die Anfechtung dieser Anordnung finden die §§ 304 bis 310 der Strafprozeßordnung entsprechende Anwendung. Bei Gefahr im Verzug können die von der Erlaubnisbehörde beauftragten Personen während der Geschäftszeit die erforderlichen Durchsuchungen ohne richterliche Anordnung vornehmen. An Ort und Stelle ist eine Niederschrift über die Durchsuchung und ihr wesentliches Ergebnis aufzunehmen, aus der sich, falls keine richterliche Anordnung ergangen ist, auch die Tatsachen ergeben, die zur Annahme einer Gefahr im Verzug geführt haben.

(5) Der Verleiher kann die Auskunft auf solche Fragen verweigern, deren Beantwortung ihn selbst oder einen der in § 383 Abs. 1 Nr. 1 bis 3 der Zivilprozeßordnung bezeichneten Angehörigen der Gefahr strafgerichtlicher Verfolgung oder eines Verfahrens nach dem Gesetz über Ordnungswidrigkeiten aussetzen würde.

§ 8 Statistische Meldungen

(1) Der Verleiher hat der Erlaubnisbehörde halbjährlich statistische Meldungen über

1. die Zahl der überlassenen Leiharbeitnehmer getrennt nach Geschlecht, nach der Staatsangehörigkeit, nach Berufsgruppen und nach der Art der vor der Begründung des Vertragsverhältnisses zum Verleiher ausgeübten Beschäftigung,

2. die Zahl der Überlassungsfälle, gegliedert nach Wirtschaftsgruppen,

3. die Zahl der Entleiher, denen er Leiharbeitnehmer überlassen hat, gegliedert nach Wirtschaftsgruppen,

4. die Zahl und die Dauer der Arbeitsverhältnisse, die er mit jedem überlassenen Leiharbeitnehmer eingegangen ist,

5. die Zahl der Beschäftigungstage jedes überlassenen Leiharbeitnehmers, gegliedert nach Überlassungsfällen,

zu erstatten. Die Erlaubnisbehörde kann die Meldepflicht nach Satz 1 einschränken.

(2) Die Meldungen sind für das erste Kalenderhalbjahr bis zum 1. September des laufenden Jahres, für das zweite Kalenderhalbjahr bis zum 1. März des folgenden Jahres zu erstatten.

(3) Die Erlaubnisbehörde gibt zur Durchführung des Absatzes 1 Erhebungsvordrucke aus. Die Meldungen sind auf diesen Vordrucken zu erstatten. Die Richtigkeit der Angaben ist durch Unterschrift zu bestätigen.

(4) Einzelangaben nach Absatz 1 sind von der Erlaubnisbehörde geheimzuhalten. Die §§ 93, 97, 105 Abs. 1, § 111 Abs. 5 in Verbindung mit § 105 Abs. 1 sowie § 116 Abs. 1 der Abgabenordnung gelten nicht. Dies gilt nicht, soweit die Finanzbehörden die Kenntnisse für die Durchführung eines Verfahrens wegen einer Steuerstraftat sowie eines damit zusammenhängenden Besteuerungsverfahrens benötigen, an deren Verfolgung ein zwingendes öffentliches Interesse besteht, oder soweit es sich um vorsätzlich falsche Angaben des Auskunftspflichtigen oder der für ihn tätigen

Personen handelt. Veröffentlichungen von Ergebnissen auf Grund von Meldungen nach Absatz 1 dürfen keine Einzelangaben enthalten. Eine Zusammenfassung von Angaben mehrerer Auskunftspflichtiger ist keine Einzelangabe im Sinne dieses Absatzes.

§ 9 Unwirksamkeit

Unwirksam sind:

1. Verträge zwischen Verleihern und Entleihern sowie zwischen Verleihern und Leiharbeitnehmern, wenn der Verleiher nicht die nach § 1 erforderliche Erlaubnis hat,

2. Vereinbarungen, die für den Leiharbeitnehmer für die Zeit der Überlassung an einen Entleiher schlechtere als die im Betrieb des Entleihers für einen vergleichbaren Arbeitnehmer des Entleihers geltenden wesentlichen Arbeitsbedingungen einschließlich des Arbeitsentgelts vorsehen, es sei denn, der Verleiher gewährt dem zuvor arbeitslosen Leiharbeitnehmer für die Überlassung an einen Entleiher für die Dauer von insgesamt höchstens sechs Wochen mindestens ein Nettoarbeitsentgelt in Höhe des Betrages, den der Leiharbeitnehmer zuletzt als Arbeitslosengeld erhalten hat; Letzteres gilt nicht, wenn mit demselben Verleiher bereits ein Leiharbeitsverhältnis bestanden hat; ein Tarifvertrag kann abweichende Regelungen zulassen; im Geltungsbereich eines solchen Tarifvertrages können nicht tarifgebundene Arbeitgeber und Arbeitnehmer die Anwendung der tariflichen Regelungen vereinbaren,

3. Vereinbarungen, die dem Entleiher untersagen, den Leiharbeitnehmer zu einem Zeitpunkt einzustellen, in dem dessen Arbeitsverhältnis zum Verleiher nicht mehr besteht; dies schließt die Vereinbarung einer angemessenen Vergütung zwischen Verleiher und Entleiher für die nach vorangegangenem Verleih oder mittels vorangegangenem Verleih erfolgte Vermittlung nicht aus,

4. Vereinbarungen, die dem Leiharbeitnehmer untersagen, mit dem Entleiher zu einem Zeitpunkt, in dem das Arbeitsverhältnis zwischen Verleiher und Leiharbeitnehmer nicht mehr besteht, ein Arbeitsverhältnis einzugehen.

§ 10 Rechtsfolgen bei Unwirksamkeit

(1) Ist der Vertrag zwischen einem Verleiher und einem Leiharbeitnehmer nach § 9 Nr. 1 unwirksam, so gilt ein Arbeitsverhältnis zwischen Entleiher und Leiharbeitnehmer zu dem zwischen dem Entleiher und dem Verleiher für den Beginn der Tätigkeit vorgesehenen Zeitpunkt als zustande ge-

kommen; tritt die Unwirksamkeit erst nach Aufnahme der Tätigkeit beim Entleiher ein, so gilt das Arbeitsverhältnis zwischen Entleiher und Leiharbeitnehmer mit dem Eintritt der Unwirksamkeit als zustande gekommen. Das Arbeitsverhältnis nach Satz 1 gilt als befristet, wenn die Tätigkeit des Leiharbeitnehmers bei dem Entleiher nur befristet vorgesehen war und ein die Befristung des Arbeitsverhältnisses sachlich rechtfertigender Grund vorliegt. Für das Arbeitsverhältnis nach Satz 1 gilt die zwischen dem Verleiher und dem Entleiher vorgesehene Arbeitszeit als vereinbart. Im übrigen bestimmen sich Inhalt und Dauer dieses Arbeitsverhältnisses nach den für den Betrieb des Entleihers geltenden Vorschriften und sonstigen Regelungen; sind solche nicht vorhanden, gelten diejenigen vergleichbarer Betriebe. Der Leiharbeitnehmer hat gegen den Entleiher mindestens Anspruch auf das mit dem Verleiher vereinbarte Arbeitsentgelt.

(2) Der Leiharbeitnehmer kann im Fall der Unwirksamkeit seines Vertrags mit dem Verleiher nach § 9 Nr. 1 von diesem Ersatz des Schadens verlangen, den er dadurch erleidet, daß er auf die Gültigkeit des Vertrags vertraut. Die Ersatzpflicht tritt nicht ein, wenn der Leiharbeitnehmer den Grund der Unwirksamkeit kannte.

(3) Zahlt der Verleiher das vereinbarte Arbeitsentgelt oder Teile des Arbeitsentgelts an den Leiharbeitnehmer, obwohl der Vertrag nach § 9 Nr. 1 unwirksam ist, so hat er auch sonstige Teile des Arbeitsentgelts, die bei einem wirksamen Arbeitsvertrag für den Leiharbeitnehmer an einen anderen zu zahlen wären, an den anderen zu zahlen. Hinsichtlich dieser Zahlungspflicht gilt der Verleiher neben dem Entleiher als Arbeitgeber; beide haften insoweit als Gesamtschuldner.

(4) Der Leiharbeitnehmer kann im Falle der Unwirksamkeit der Vereinbarung mit dem Verleiher nach § 9 Nr. 2 von diesem die Gewährung der im Betrieb des Entleihers für einen vergleichbaren Arbeitnehmer des Entleihers geltenden wesentlichen Arbeitsbedingungen einschließlich des Arbeitsentgelts verlangen.

(5) (weggefallen)

§ 11 Sonstige Vorschriften über das Leiharbeitsverhältnis

(1) Der Nachweis der wesentlichen Vertragsbedingungen des Leiharbeitsverhältnisses richtet sich nach den Bestimmungen des Nachweisgesetzes. Zusätzlich zu den in § 2 Abs. 1 des Nachweisgesetzes genannten Angaben sind in die Niederschrift aufzunehmen:

1. Firma und Anschrift des Verleihers, die Erlaubnisbehörde sowie Ort und Datum der Erteilung der Erlaubnis nach § 1,

2. Art und Höhe der Leistungen für Zeiten, in denen der Leiharbeitnehmer nicht verliehen ist.

(2) Der Verleiher ist ferner verpflichtet, dem Leiharbeitnehmer bei Vertragsschluß ein Merkblatt der Erlaubnisbehörde über den wesentlichen Inhalt dieses Gesetzes auszuhändigen. Nichtdeutsche Leiharbeitnehmer erhalten das Merkblatt und den Nachweis nach Absatz 1 auf Verlangen in ihrer Muttersprache. Die Kosten des Merkblatts trägt der Verleiher.

(3) Der Verleiher hat den Leiharbeitnehmer unverzüglich über den Zeitpunkt des Wegfalls der Erlaubnis zu unterrichten. In den Fällen der Nichtverlängerung (§ 2 Abs. 4 Satz 3), der Rücknahme (§ 4) oder des Widerrufs (§ 5) hat er ihn ferner auf das voraussichtliche Ende der Abwicklung (§ 2 Abs. 4 Satz 4) und die gesetzliche Abwicklungsfrist (§ 2 Abs. 4 Satz 4 letzter Halbsatz) hinzuweisen.

(4) § 622 Abs. 5 Nr. 1 des Bürgerlichen Gesetzbuchs ist nicht auf Arbeitsverhältnisse zwischen Verleihern und Leiharbeitnehmern anzuwenden. Das Recht des Leiharbeitnehmers auf Vergütung bei Annahmeverzug des Verleihers (§ 615 Satz 1 des Bürgerlichen Gesetzbuchs) kann nicht durch Vertrag aufgehoben oder beschränkt werden; § 615 Satz 2 des Bürgerlichen Gesetzbuchs bleibt unberührt. Das Recht des Leiharbeitnehmers auf Vergütung kann durch Vereinbarung von Kurzarbeit für die Zeit aufgehoben werden, für die dem Leiharbeitnehmer Kurzarbeitergeld nach dem Dritten Buch Sozialgesetzbuch gezahlt wird; eine solche Vereinbarung kann das Recht des Leiharbeitnehmers auf Vergütung bis längstens zum 31. Dezember 2010 ausschließen.

(5) Der Leiharbeitnehmer ist nicht verpflichtet, bei einem Entleiher tätig zu sein, soweit dieser durch einen Arbeitskampf unmittelbar betroffen ist. In den Fällen eines Arbeitskampfs nach Satz 1 hat der Verleiher den Leiharbeitnehmer auf das Recht, die Arbeitsleistung zu verweigern, hinzuweisen.

(6) Die Tätigkeit des Leiharbeitnehmers bei dem Entleiher unterliegt den für den Betrieb des Entleihers geltenden öffentlich-rechtlichen Vorschriften des Arbeitsschutzrechts; die hieraus sich ergebenden Pflichten für den Arbeitgeber obliegen dem Entleiher unbeschadet der Pflichten des Verleihers. Insbesondere hat der Entleiher den Leiharbeitnehmer vor Beginn der Beschäftigung und bei Veränderungen in seinem Arbeitsbereich über Gefahren für Sicherheit und Gesundheit, denen er bei der Arbeit ausge-

setzt sein kann, sowie über die Maßnahmen und Einrichtungen zur Abwendung dieser Gefahren zu unterrichten. Der Entleiher hat den Leiharbeitnehmer zusätzlich über die Notwendigkeit besonderer Qualifikationen oder beruflicher Fähigkeiten oder einer besonderen ärztlichen Überwachung sowie über erhöhte besondere Gefahren des Arbeitsplatzes zu unterrichten.

(7) Hat der Leiharbeitnehmer während der Dauer der Tätigkeit bei dem Entleiher eine Erfindung oder einen technischen Verbesserungsvorschlag gemacht, so gilt der Entleiher als Arbeitgeber im Sinne des Gesetzes über Arbeitnehmererfindungen.

§ 12 Rechtsbeziehungen zwischen Verleiher und Entleiher

(1) Der Vertrag zwischen dem Verleiher und dem Entleiher bedarf der Schriftform. In der Urkunde hat der Verleiher zu erklären, ob er die Erlaubnis nach § 1 besitzt. Der Entleiher hat in der Urkunde anzugeben, welche besonderen Merkmale die für den Leiharbeitnehmer vorgesehene Tätigkeit hat und welche berufliche Qualifikation dafür erforderlich ist sowie welche im Betrieb des Entleihers für einen vergleichbaren Arbeitnehmer des Entleihers wesentlichen Arbeitsbedingungen einschließlich des Arbeitsentgelts gelten; Letzteres gilt nicht, soweit die Voraussetzungen einer der beiden in § 3 Abs. 1 Nr. 3 und § 9 Nr. 2 genannten Ausnahmen vorliegen.

(2) Der Verleiher hat den Entleiher unverzüglich über den Zeitpunkt des Wegfalls der Erlaubnis zu unterrichten. In den Fällen der Nichtverlängerung (§ 2 Abs. 4 Satz 3), der Rücknahme (§ 4) oder des Widerrufs (§ 5) hat er ihn ferner auf das voraussichtliche Ende der Abwicklung (§ 2 Abs. 4 Satz 4) und die gesetzliche Abwicklungsfrist (§ 2 Abs. 4 Satz 4 letzter Halbsatz) hinzuweisen.

(3) (weggefallen)

§ 13 Auskunftsanspruch des Leiharbeitnehmers

Der Leiharbeitnehmer kann im Falle der Überlassung von seinem Entleiher Auskunft über die im Betrieb des Entleihers für einen vergleichbaren Arbeitnehmer des Entleihers geltenden wesentlichen Arbeitsbedingungen einschließlich des Arbeitsentgelts verlangen; dies gilt nicht, soweit die Voraussetzungen einer der beiden in § 3 Abs. 1 Nr. 3 und § 9 Nr. 2 genannten Ausnahmen vorliegen.

§ 14 Mitwirkungs- und Mitbestimmungsrechte

(1) Leiharbeitnehmer bleiben auch während der Zeit ihrer Arbeitsleistung bei einem Entleiher Angehörige des entsendenden Betriebs des Verleihers.

(2) Leiharbeitnehmer sind bei der Wahl der Arbeitnehmervertreter in den Aufsichtsrat im Entleiherunternehmen und bei der Wahl der betriebsverfassungsrechtlichen Arbeitnehmervertretungen im Entleiherbetrieb nicht wählbar. Sie sind berechtigt, die Sprechstunden dieser Arbeitnehmervertretungen aufzusuchen und an den Betriebs- und Jugendversammlungen im Entleiherbetrieb teilzunehmen. Die §§ 81, 82 Abs. 1 und die §§ 84 bis 86 des Betriebsverfassungsgesetzes gelten im Entleiherbetrieb auch in bezug auf die dort tätigen Leiharbeitnehmer.

(3) Vor der Übernahme eines Leiharbeitnehmers zur Arbeitsleistung ist der Betriebsrat des Entleiherbetriebs nach § 99 des Betriebsverfassungsgesetzes zu beteiligen. Dabei hat der Entleiher dem Betriebsrat auch die schriftliche Erklärung des Verleihers nach § 12 Abs. 1 Satz 2 vorzulegen. Er ist ferner verpflichtet, Mitteilungen des Verleihers nach § 12 Abs. 2 unverzüglich dem Betriebsrat bekanntzugeben.

(4) Die Absätze 1 und 2 Satz 1 und 2 sowie Absatz 3 gelten für die Anwendung des Bundespersonalvertretungsgesetzes sinngemäß.

§ 15 Ausländische Leiharbeitnehmer ohne Genehmigung

(1) Wer als Verleiher einen Ausländer, der einen erforderlichen Aufenthaltstitel nach § 4 Abs. 3 des Aufenthaltsgesetzes, eine Aufenthaltsgestattung oder eine Duldung, die zur Ausübung der Beschäftigung berechtigen, oder eine Genehmigung nach § 284 Abs. 1 des Dritten Buches Sozialgesetzbuch nicht besitzt, entgegen § 1 einem Dritten ohne Erlaubnis überläßt, wird mit Freiheitsstrafe bis zu drei Jahren oder mit Geldstrafe bestraft.

(2) In besonders schweren Fällen ist die Strafe Freiheitsstrafe von sechs Monaten bis zu fünf Jahren. Ein besonders schwerer Fall liegt in der Regel vor, wenn der Täter gewerbsmäßig oder aus grobem Eigennutz handelt.

§ 15a Entleih von Ausländern ohne Genehmigung

(1) Wer als Entleiher einen ihm überlassenen Ausländer, der einen erforderlichen Aufenthaltstitel nach § 4 Abs. 3 des Aufenthaltsgesetzes, eine Aufenthaltsgestattung oder eine Duldung, die zur Ausübung der Beschäftigung berechtigen, oder eine Genehmigung nach § 284 Abs. 1 des Dritten Buches Sozialgesetzbuch nicht besitzt, zu Arbeitsbedingungen des Leiharbeitsverhältnisses tätig werden läßt, die in einem auffälligen Mißverhältnis

zu den Arbeitsbedingungen deutscher Leiharbeitnehmer stehen, die die gleiche oder eine vergleichbare Tätigkeit ausüben, wird mit Freiheitsstrafe bis zu drei Jahren oder mit Geldstrafe bestraft. In besonders schweren Fällen ist die Strafe Freiheitsstrafe von sechs Monaten bis zu fünf Jahren; ein besonders schwerer Fall liegt in der Regel vor, wenn der Täter gewerbsmäßig oder aus grobem Eigennutz handelt.

(2) Wer als Entleiher

1. gleichzeitig mehr als fünf Ausländer, die einen erforderlichen Aufenthaltstitel nach § 4 Abs. 3 des Aufenthaltsgesetzes, eine Aufenthaltsgestattung oder eine Duldung, die zur Ausübung der Beschäftigung berechtigen, oder eine Genehmigung nach § 284 Abs. 1 des Dritten Buches Sozialgesetzbuch nicht besitzen, tätig werden läßt oder

2. eine in § 16 Abs. 1 Nr. 2 bezeichnete vorsätzliche Zuwiderhandlung beharrlich wiederholt,

wird mit Freiheitsstrafe bis zu einem Jahr oder mit Geldstrafe bestraft. Handelt der Täter aus grobem Eigennutz, ist die Strafe Freiheitsstrafe bis zu drei Jahren oder Geldstrafe.

§ 16 Ordnungswidrigkeiten

(1) Ordnungswidrig handelt, wer vorsätzlich oder fahrlässig

1. entgegen § 1 einen Leiharbeitnehmer einem Dritten ohne Erlaubnis überläßt,

1a. einen ihm von einem Verleiher ohne Erlaubnis überlassenen Leiharbeitnehmer tätig werden läßt,

1b. entgegen § 1b Satz 1 gewerbsmäßig Arbeitnehmer überläßt oder tätig werden läßt,

2. einen ihm überlassenen ausländischen Leiharbeitnehmer, der einen erforderlichen Aufenthaltstitel nach § 4 Abs. 3 des Aufenthaltsgesetzes, eine Aufenthaltsgestattung oder eine Duldung, die zur Ausübung der Beschäftigung berechtigen, oder eine Genehmigung nach § 284 Abs. 1 des Dritten Buches Sozialgesetzbuch nicht besitzt, tätig werden läßt,

2a. eine Anzeige nach § 1a nicht richtig, nicht vollständig oder nicht rechtzeitig erstattet,

3. einer Auflage nach § 2 Abs. 2 nicht, nicht vollständig oder nicht rechtzeitig nachkommt,

4. eine Anzeige nach § 7 Abs. 1 nicht, nicht richtig, nicht vollständig oder nicht rechtzeitig erstattet,

5. eine Auskunft nach § 7 Abs. 2 Satz 1 nicht, nicht richtig, nicht vollständig oder nicht rechtzeitig erteilt,

6. seiner Aufbewahrungspflicht nach § 7 Abs. 2 Satz 4 nicht nachkommt,

6a. entgegen § 7 Abs. 3 Satz 2 eine dort genannte Maßnahme nicht duldet,

7. eine statistische Meldung nach § 8 Abs. 1 nicht, nicht richtig, nicht vollständig oder nicht rechtzeitig erteilt,

7a. (weggefallen)

8. einer Pflicht nach § 11 Abs. 1 oder Abs. 2 nicht nachkommt,

9. (weggefallen)

(2) Die Ordnungswidrigkeit nach Absatz 1 Nr. 1 bis 1b kann mit einer Geldbuße bis zu fünfundzwanzigtausend Euro, die Ordnungswidrigkeit nach Absatz 1 Nr. 2 mit einer Geldbuße bis zu fünfhunderttausend Euro, die Ordnungswidrigkeit nach Absatz 1 Nr. 2a und 3 mit einer Geldbuße bis zu zweitausendfünfhundert Euro, die Ordnungswidrigkeit nach Absatz 1 Nr. 4 bis 8 mit einer Geldbuße bis zu fünfhundert Euro geahndet werden.

(3) Verwaltungsbehörden im Sinne des § 36 Abs. 1 Nr. 1 des Gesetzes über Ordnungswidrigkeiten sind für die Ordnungswidrigkeiten nach Absatz 1 Nr. 1 bis 2a die Behörden der Zollverwaltung, für die Ordnungswidrigkeiten nach Absatz 1 Nr. 3 bis 8 die Bundesagentur für Arbeit.

(4) §§ 66 des Zehnten Buches Sozialgesetzbuch gilt entsprechend.

(5) Die Geldbußen fließen in die Kasse der zuständigen Verwaltungsbehörde. Sie trägt abweichend von § 105 Abs. 2 des Gesetzes über Ordnungswidrigkeiten die notwendigen Auslagen und ist auch ersatzpflichtig im Sinne des § 110 Abs. 4 des Gesetzes über Ordnungswidrigkeiten.

§ 17 Durchführung

Die Bundesagentur für Arbeit führt dieses Gesetz nach fachlichen Weisungen des Bundesministeriums für Arbeit und Soziales durch. Verwaltungskosten werden nicht erstattet.

§ 18 Zusammenarbeit mit anderen Behörden

(1) Zur Verfolgung und Ahndung der Ordnungswidrigkeiten nach § 16 arbeiten die Bundesagentur für Arbeit und die Behörden der Zollverwaltung insbesondere mit folgenden Behörden zusammen:

1. den Trägern der Krankenversicherung als Einzugsstellen für die Sozialversicherungsbeiträge,

2. den in § 71 des Aufenthaltsgesetzes genannten Behörden,

3. den Finanzbehörden,

4. den nach Landesrecht für die Verfolgung und Ahndung von Ordnungswidrigkeiten nach dem Schwarzarbeitsbekämpfungsgesetz zuständigen Behörden,

5. den Trägern der Unfallversicherung,

6. den für den Arbeitsschutz zuständigen Landesbehörden,

7. den Rentenversicherungsträgern,

8. den Trägern der Sozialhilfe.

(2) Ergeben sich für die Bundesagentur für Arbeit oder die Behörden der Zollverwaltung bei der Durchführung dieses Gesetzes im Einzelfall konkrete Anhaltspunkte für

1. Verstöße gegen das Schwarzarbeitsbekämpfungsgesetz,

2. eine Beschäftigung oder Tätigkeit von Ausländern ohne erforderlichen Aufenthaltstitel nach § 4 Abs. 3 des Aufenthaltsgesetzes, eine Aufenthaltsgestattung oder eine Duldung, die zur Ausübung der Beschäftigung berechtigen, oder eine Genehmigung nach § 284 Abs. 1 des Dritten Buches Sozialgesetzbuch,

3. Verstöße gegen die Mitwirkungspflicht nach § 60 Abs. 1 Satz 1 Nr. 2 des Ersten Buches Sozialgesetzbuch gegenüber einer Dienststelle der Bundesagentur für Arbeit, einem Träger der gesetzlichen Kranken-, Pflege-, Unfall- oder Rentenversicherung oder einem Träger der Sozialhilfe oder gegen die Meldepflicht nach § 8a des Asylbewerberleistungsgesetzes,

4. Verstöße gegen die Vorschriften des Vierten und Siebten Buches Sozialgesetzbuch über die Verpflichtung zur Zahlung von Sozialversicherungsbeiträgen, soweit sie im Zusammenhang mit den in den Nummern 1 bis 3 genannten Verstößen sowie mit Arbeitnehmerüberlassung entgegen § 1 stehen,

5. Verstöße gegen die Steuergesetze,

6. Verstöße gegen das Aufenthaltsgesetz,

unterrichten sie die für die Verfolgung und Ahndung zuständigen Behörden, die Träger der Sozialhilfe sowie die Behörden nach § 71 des Aufenthaltsgesetzes.

(3) In Strafsachen, die Straftaten nach den §§ 15 und 15a zum Gegenstand haben, sind der Bundesagentur für Arbeit und den Behörden der Zollverwaltung zur Verfolgung von Ordnungswidrigkeiten

1. bei Einleitung des Strafverfahrens die Personendaten des Beschuldigten, der Straftatbestand, die Tatzeit und der Tatort,

2. im Falle der Erhebung der öffentlichen Klage die das Verfahren abschließende Entscheidung mit Begründung

zu übermitteln. Ist mit der in Nummer 2 genannten Entscheidung ein Rechtsmittel verworfen worden oder wird darin auf die angefochtene Entscheidung Bezug genommen, so ist auch die angefochtene Entscheidung zu übermitteln. Die Übermittlung veranlaßt die Strafvollstreckungs- oder die Strafverfolgungsbehörde. Eine Verwendung

1. der Daten der Arbeitnehmer für Maßnahmen zu ihren Gunsten,

2. der Daten des Arbeitgebers zur Besetzung seiner offenen Arbeitsplätze, die im Zusammenhang mit dem Strafverfahren bekanntgeworden sind,

3. der in den Nummern 1 und 2 genannten Daten für Entscheidungen über die Einstellung oder Rückforderung von Leistungen der Bundesagentur für Arbeit

ist zulässig.

(4) Gerichte, Strafverfolgungs- oder Strafvollstreckungsbehörden sollen den Behörden der Zollverwaltung Erkenntnisse aus sonstigen Verfahren, die aus ihrer Sicht zur Verfolgung von Ordnungswidrigkeiten nach § 16 Abs. 1 Nr. 1 bis 2 erforderlich sind, übermitteln, soweit nicht für die übermittelnde Stelle erkennbar ist, daß schutzwürdige Interessen des Betroffenen oder anderer Verfahrensbeteiligter an dem Ausschluß der Übermittlung überwiegen. Dabei ist zu berücksichtigen, wie gesichert die zu übermittelnden Erkenntnisse sind.

§ 19 Übergangsvorschrift

§ 1 Abs. 2, § 1b Satz 2, die §§ 3, 9, 10, 12, 13 und 16 in der vor dem 1. Januar 2003 geltenden Fassung sind auf Leiharbeitsverhältnisse, die vor dem 1. Januar 2004 begründet worden sind, bis zum 31. Dezember 2003 weiterhin anzuwenden. Dies gilt nicht für Leiharbeitsverhältnisse im Geltungsbereich eines nach dem 15. November 2002 in Kraft tretenden Tarifvertrages, der die wesentlichen Arbeitsbedingungen einschließlich des Arbeitsentgelts im Sinne des § 3 Abs. 1 Nr. 3 und des § 9 Nr. 2 regelt.

§ 20

(weggefallen)

Stichwortverzeichnis

Pulte

Das deutsche Arbeitsrecht

Kompaktwissen für die Praxis

In erster Linie will das Arbeitsrecht die Rechtsbeziehungen zwischen Arbeitgeber und Arbeitnehmer - den Parteien des Arbeitsrechts - und deren Organisationen und Interessenvertretern regeln. Darüber hinaus dient es dem besonderen Schutz aller in abhängiger Tätigkeit stehender Personen. Im Vordergrund des Arbeitslebens steht der Mensch mit seiner persönlichen Arbeitsleistung.

Der Titel vermittelt kompakt und übersichtlich die vielseitigen Facetten des Arbeitsrechts. Von der Einstellung über die Durchführung bis zur Beendigung des Arbeitsverhältnisses werden alle Aspekte dargestellt, die in einem Arbeitsleben auftreten können. Aber auch die kollektivrechtliche Seite Betriebsverfassung, Tarifordnung, Streikrecht, das Arbeitsschutzrecht und das arbeitsgerichtliche Verfahren sind in die Darstellung aufgenommen worden.

Das Buch aus der Reihe „Kompaktwissen für die Praxis" bietet sich somit sowohl zum Studium als auch für die praktische Orientierung als ein bedeutsames Hilfsmittel an.

ISBN 978-3-941388-00-0 Preis der Printausgabe: 19,80 €

Bontrup, Hansen

Personalmanagement

Kompaktwissen für die Praxis

Das Buch Personalmanagement ist eine Aufsatzsammlung von prominenten WissenschaftlerInnen und PraktikerInnen.

Neben Fragen der Personalplanung und des Personal- controllings werden das Problemfeld der Führung im Unternehmen sowie die Theorie und Praxis aktueller Manage- mentkonzepte zur Modernisierung der Arbeitsorganisation angesprochen. Weitere Aufsätze beschäftigen sich mit einem internationalen Vergleich der Arbeitszeitorganisation im Betrieb und mit der theoretischen Analyse des Arbeitsentgeltes in Form eines volks- und betriebswirtschaftlichen Diskurses.

Den Abschluss des Buches bildet ein Beitrag zur Unternehmenskultur, Partizipation und Mitbestimmung.

Die vorgelegte Aufsatzsammlung eignet sich sowohl für Studierende der Wirtschaftswissenschaft mit den Schwer- punkten Arbeitsökonomie und Personalbetriebswirtschafts- lehre als auch für Praktiker im Bereich des Personal- management sowie für unternehmerische und betriebliche Mitbestimmungsträger.

ISBN 978-3-941388-17-8 Preis der Printausgabe: 19,80 €

www.vprm.de